U0060547

世界公民叢書
未來的，全人類觀點

原書名：知識份子12講
立緒文化編輯部 主編

本書是當前少見的對知識份子這個角色作全面性詮釋的文字，日後討論知識份子，本書將會是一個重要的文獻，我們因此要特別向讀者推薦。

本書從歷史、哲學、宗教、文化、美學、經濟、政治、社會等面向，來討論知識份子角色與修養，是當前海內外關懷社會文化發展的十二位跨科技領域的學者，難得一見的精采演講，演講者皆學養深厚，識見宏大，是各領域的碩彥。

這一系列的演講是於一九九八年六月至一九九九年四月間由行政院文建會、聯合報副刊與立緒文化共同主辦。

# 知識分子與社會：抗爭、對話到願景

【目錄】本書總頁數共208頁

**陳映真：**

殖民地（戰前）和新殖民地（戰後）現代性論，

與另類的、抵抗的現代性論述之間的矛盾鬥爭，是台灣現代和當代思想史的主軸。

**蔣勳：**

中國知識份子的美學修養，其實最大的一部分是講個人內在孤獨時刻的狀態，

因爲只有在面對自己的時刻是個審美的我、美學意義的我、眞正的我。

**余英時：**

在多元化社會之中，誰都可以是知識份子，誰也都不是知識份子。

不是有知識的人就是知識份子。

比如有些終身關在研究室中做研究的學者，

他在知識和專業領域中到達一個很高的水平，但他並沒有社會的參與。

當然，他有權選擇這樣做，這是每個人價值觀不同的問題。
但專門學者、科學家如果不參與社會事務，我們便不好說他們是「公共知識份子」。
今天的「知識份子」必須是關心並參與「公共事務」的人。

**傅佩榮：**
現代知識份子，需要的是一種開放的心靈，
這樣的開放，不能只向時間開放，也要向超越於時間、空間的超越界開放，
也就是保留一個空間給信仰中的密契經驗。

**李亦園：**
台灣的知識份子應該注意到，我們的宗教，需要一種人文意義的終極關懷，
發揮東方宗教的超越傳統，利用宗教精神，帶領大眾開發智慧與心靈，
在宗教的領域中，

智慧與心靈的開拓，要比財富與權力的開拓，更具終極恆久的意義啊！

**沈君山：**

個別的文明必須與科技結合，

凡一文明內在條件與科技發展的條件，諧和者興，反之者衰，

而且興衰的過程也是加速地進行。

**何懷碩：**

學歷很高並不一定就是知識份子，

知識份子不是一種職業，它是一種心態。

只有在兩種情況下，知識份子才能起作用。

第一種情況，在社會大眾被壓迫，沒有發言權、沒有自由時，

大眾會希望知識份子出來，代他們說點公道話。

第二種情況，知識份子若能發揮作用，是要在一個尊重知識的社會。

**楊國樞：**

不滿現實是知識份子的基本屬性，假如一個人知足常樂，他就不會去當知識份子。他總是用更高遠的標準去要求，更廣大的理想去超越過去的理想。所以有時知識份子很討厭，所以范仲淹才會自比爲烏鴉。知識份子就是烏鴉，他有烏鴉心、烏鴉嘴。

**釋聖嚴：**

宗教信仰，之所以在我們的社會中，造成沈迷氾濫及否定排斥的兩種極端，乃是由於知識份子們對於宗教所持態度不明確，所做的正面關懷太少，對於宗教的常識不足，也無法給宗教信仰多做一些疏導性的工作，以致讓大家一方面錯認爲宗教信仰非常發達，另一方面又誤以爲宗教信仰給社會帶來了更多不安的因素。這也正是台灣現代知識份子們，應該加以深思的一個課題。

**南方朔：**

我們需要建立深沉的宗教感，那是一個人對宇宙、世界，有一種敬畏之心，對人的不完美性有知所敬畏的觀念，台灣缺少這些。

**高希均：**

知識份子應該「戒傲、戒憤、戒媚、戒利、戒名」，戒傲才能謙虛，戒憤才能冷靜，不媚上、媚俗才能淸白，戒利才能坦然，戒名才能篤實。

**蕭新煌：**

知識份子雖然角色有變換，可是有的特質是不能變的：

第一，是追求「眞」的信念要「一路走來，始終如一」；

第二，是對「知識」的執著；

第三，是要詮釋我們所處的社會，並提出批判。

# 1 知識份子

## 台灣現代知識份子的歷史

**陳映真**

作家，曾任中國社會科學院榮譽高級研究員，中國人民大學客座教授，人間出版社發行人，《人間雜誌》創辦人。著有小說《將軍族》、《唐倩的喜劇》、《第一件差事》、《夜行貨車》、《上班族的一日》、《鈴鐺花》、《趙南棟》、《歸鄉》等。另有《陳映真作品集》十五卷。

世界進入帝國主義時代以後，先進的、資本主義工業化的國家向外擴張，把遼闊的亞、非、拉地區殖民地化和半殖民地化。於是殖民地和半殖民地的現代知識份子，便在殖民地化的痛苦歷程中誕生。台灣也不例外。

## 日帝下殖民地時代

現代知識份子是現代教育的產物。一八八七年，劉銘傳在台北大稻埕設立西學堂，請外國人來台灣教西學，同時也聘中國教師授中國經史之學。一八九〇年又設電報學堂，計培養有現代知識的台灣學生近八十人。但作為制度的現代教育，則在日本統治下約一九〇〇年開始。

日本在台殖民地現代教育的目標，一在透過修習日本語和日本「國風」以同化殖民地兒童；二在為支配台灣的日本獨占資本主義養成具有基本常識的勞動力；三在為殖民地統治機關的下層培養殖民地幹部菁英。

殖民地現代教育有強烈的種族歧視。台童的「公學校」和日童的「小學

子的
員會 聯合報副
國廣播公司新聞
陳映真

校」，不但是種族隔離體制，在師資、課程、課本、經費、待遇上優劣懸殊。中學則只能是在台日本學生升大學的預校，台人子弟上中學者為數極少。而師範教育尤其是灌輸日本國家意識形態的基地。

殖民地台灣的高等教育以醫學、農學、工學和商業專科為主。「台北帝國大學」（今日台大前身）要等到日本據台三十三年後的一九二八年才成立，學生的種族比率更為懸殊。而學科學系選擇的民族歧視更為顯著。

殖民地現代教育，於是培養了一代又一代為殖民體制所用的台灣人現代知識菁英，充當醫師、老師、下層農工技術人員、商界、金融機關的下級職員和行政機關的下層公務員。當然，在嚴厲的種族歧視所限制的高教環境下，不少台灣青年奔向日本和中國大陸尋求深造。

殖民地現代知識菁英，通過殖民者的教育，對現代性張開了眼睛，對現代化的日本、日本社會、文化和日本人起了強烈的欽羨與傾向，同時對自己民族的傳統、語言、文化、知識、社會甚至人種，起了自卑、憎厭之心。於是有人依統治者的形象徹底改造自己；有人在生活的公共部門模仿日本，在私人生活中恢復民族傳統；有人在改造自己為日本人和維持民族自尊之間，矛盾苦悶，向殖民地現代性一面倒，使殖民地知識份子和自己民族的同胞、文化、社會剝離……

然而，殖民制度的現代性和制度本身對殖民地的悖理、殘暴、野蠻和貪婪的本質所形成的深刻矛盾，使一部分殖民地現代知識份子向另類的（alternative）、抵抗的現代性——和帝國主義、封建主義斷絕，經由民族和階級的解放，自力更生，建設獨立自主的現代化國家——覺醒。在第三國際強烈影響下的殖民地解放運動，吸引了包括台灣在內的廣大殖民地、半殖民地的先進知識份子。後期文化協會、民眾黨，和農民組合、台共的運動屬之。

另一方面，作為中國社會半殖民地化總過程的組成部分而割讓出去的殖民地，台灣進步知識份子，還深刻地受到中國反帝啟蒙運動的影響。辛亥資產階級民主革命、五四運動、北伐革命、和新民主主義革命，莫不深切牽引了台灣進步知識份子的思想和實踐。因此從資產階級民主運動到左翼的民族。民主變革運動，湧現了林獻堂、蔡培火、蔣渭水、連溫卿、王敏川、簡吉、趙港、林木順、謝雪紅、翁澤生、蘇新、潘欽信和王萬德等一代抵抗的知識份子。

在日據下台灣文學戰線上，強烈的中國傾向性、批判殖民主義現代性的殘暴，尤為昭著。台灣的現代文學，是在殖民地條件下，自始就在語言、表現形式（小說、詩歌、雜文、評論等的範式和體裁）上選擇了白話漢文和五四新文學作品的體裁和精神——反帝反封建的精神。因此，在題材上表現為對殖民統治的暴力和日本獨占資本之苛酷的揭發和批判；對殖民主義下農村貧困化的聲討；對為虎作倀的台灣地主豪紳階級的諷刺；對台灣封建階級及其生活的落後與腐朽的批判，以及對多重壓迫下的婦女命運的同情與聲援。賴和、楊守愚、楊華、陳虛谷、楊逵、朱點人、翁鬧、王詩琅和呂赫若這些作家，以文學形式戳破了殖民主義現代性的欺罔和殘酷。

## 光復初期（一九四五－一九五〇）

和一切巨大歷史變動期一樣，在殖民體制下養成並為體制服務的知識份子，對於殖民地解放既有人感到悲傷、挫折，也有人對自己的歷史感到不安，在國府表示不追究漢奸問題的政策下，這些人一般地沈默。在內戰和冷戰雙重結構形成之後，這些人中的豪強，與國府相結託，保持和發展了權力和財富。

抗日戰爭時期在大陸投奔國民黨的台灣菁英，隨光復返鄉，獲得一定的政治和經濟利益。但是在東遷台灣的國民黨集團獨占台灣政治的戰後史中，不能只居於點綴、花瓶的角色。

但光復初期台灣在地知識份子的思想和文化活動之活躍，超出通常的想像，表現出被割讓出去而終於發展為殖民地半封建社會的台灣，回歸到半殖民地半封建社會的大陸衝擊。這衝擊有兩個方面：

一方面是自覺地、熱情地學習有關中國的語言、歷史、文化和知識，把自己從殖民地知識份子改造成獨立的、自主的中國知識份子。而為了承擔中國現代知識份子的責任，主張同時學習和接受現代世界知識和文化。這種討論，散見當時新興的雜誌上。

另一方面則是大陸內戰態勢的快速發展，對當時台灣知識份子的思想與行動的巨大影響。在如雨後春筍般的綜合雜誌如《政經報》、《人民導報》、《新新》、《台灣文化》中，光復初年的台灣知識份子如蘇新、陳逸松、陳逢源、周青、王白淵、李石樵、王井泉等人，紛紛就回歸後台灣和大陸諸形勢進行報導和評論，評論時政，廓清殖民地台灣在文化上的負債和遺產，提倡批判的「中國化」，申論中國民族主義建設之重要。

特別值得注意的是，此時台灣知識界和東渡來台的大陸先進知識份子間的提攜與合流。著名東渡學者如臺靜農、黎烈文、許壽裳與台灣知識份子合作，把魯迅介紹到台灣來，就是著例。

省內外進步知識份子的合流的另一個例子，是一九四七年到一九四九年間，以新生報《橋》副刊為中心的一系列關於台灣文學諸問題的討論。省外的雷石榆、孫達人、駱駝英和省內楊逵、林曙光等多人，主要從文藝社會學的觀點，討論了台灣文學和社會的性質，其中尤其在「新現實主義」創作方向上的理論討論，留下重要的業績。

一九四七年，國共內戰全面激化。台灣知識份子無法自外於作為內戰核心的中國當代思想、知識系統和政治的波紋。一九四六年底，大陸因「沈崇事件」激發的全面性學潮，在四七年元月波及台灣，在台北糾集了三萬台灣高校學生，高喊「美國佬滾出中國」。二月，在全島性崛起的事變中，各地台灣高校生多有參與。一九四九年四月六日，陳誠當局感於學生左傾和校園不安，動手鎮壓，逮捕學生。因二月事件而對政局感到絕望和挫折的台灣知識界，至四九年前後，在全國內戰局勢逆轉時左傾化，是自然的結果。

## 五〇年代到七〇年代

一九五〇年六月韓戰爆發，東西冷戰達於高峰，造成世界戰後史廣泛深遠的影響。

美國武裝涉入海峽，以強力的軍經援助和政治、外交支持，支撐了國府在台統治的正當性，從而建立了高度威權主義的「國家安全體制國家」（National Security State＝NSS）。而一九四九年底到一九五二年的全島性政治恐怖肅清，又是國府「國安國家」之成立所不可少的手段。

表現為戰後史中美國勢力下常見的、國家政權發動的、大規模人權蹂躪事件的恐怖肅清，徹底摧毀了自日據以來台灣反帝運動所積蓄的民族解放運動的幾代人脈、傳統、哲學、社會科學和藝術文學審美體系，對於台灣地區思想和知識份子歷史，影響深遠。日據下追求「抵抗的現代性」的台灣菁英，和光復後走向革命的年輕知識份子，以整個世代的規模，在五〇年代初白色恐怖中折損殆盡。

在此同時，美國制霸下的現代性想像，逐步形成。首先是透過綿密的美國軍經援助機制下人員交換與培訓計畫，其次是透過美國文化宣傳機關「美國新聞處」（USIS）卓有成效的工作，再次是經由獎學基金和留學體制，在台灣養成了一代又一代親美、反共、具有現代知識和技術的菁英，到了今日，早已占領了台灣朝野及各界的領導高地。

其結果：美國的冷戰意識形態，即政治、經濟上的自由主義和個人主義；發展理論上的羅斯托式現代化論；哲學上的邏輯實證主義，和審美思想上的現代主義、抽象主義和超現實主義，成為台灣知識、思想界的主流，支配了五〇年代到一九七〇年間的思潮。

和一切美國支持的「國安國家」社會一樣，美式自由主義表現出顯著的矛盾。一方面，美國為全球反共戰略的需要，除了具體支持各地反共、親美、獨裁政權外，不能有別的選擇。另一方面，美國對這些「國安國家」所宣傳的，卻是所謂自由民主和反共。因此，國安國家的資產階級菁英知識份子，往往時而在反共的共同性上，犧牲民主自由的原則，和獨裁權力妥協、甚至合作，又時而因其民主自由論不為權力所容忍，在美國袖手下遭到鎮壓。在七〇年代鄉土文學論戰中，台灣的自由主義者以反共之名夥同權力對鄉土派落井下石，說明了前者。「自由中國」事件則說明了後者，表現出反共、反獨裁而不反帝反美的台灣自由主義的極限。

一九四九年的農地改革，使台灣現代知識份子脫離了地主階級的社會基盤。五〇年代的進口替代工業化和六〇年代加工出口工業化，史無前例地擴大了社會經濟規模。台灣知識份子以新興中產階級（包括取得土地後的獨立自耕農）的社會身份，大量在軍、公、教、工、商、醫、會計、建築等各行業中安居，編入台灣戰後資本主義發展過程所形成的中小資產階級的構造。

至此，美國中心的現代性想像取代了日據殖民主義現代性想像。政治肅清和兩岸斷絕，使中國革命的傾向性在台灣遭到全面抑壓。六〇年代的全面資本主義化，一方面湮沒了民族解放的歷史和現代性想像，一方面為大量新生小資產階級知識份子創造了政治領域外的廣闊社會出路。

## 七〇年代

六〇年中期在大陸爆發的文革，和六〇年代末發生於美國和法國的「洋文革」，不意對台灣的思潮發生了重大影響。以北美保釣運動左翼為中心，部份台灣留學北美和台灣在地知識份子，對一九五〇年代以來冷戰和內戰意識形態和知識體系進行了批判的反思。被禁斷二十年的馬克斯主義史學、社會科學、哲學和審美體系被重新探索。國共內戰的歷史被重新審視。中國三〇年代文藝作品和思潮重被閱讀與研究。對於美國制霸下的世界秩序與冷戰世界體制、意識形態和知識思想體系，要求全面反思和清理。過去二十年間塑造的、美國中心的現代性論遭到全面質疑。以中國革命為中心的另類的、批判的現代性想像，在斷絕了二十年後，重新復權。

而一九七〇年到七四年的現代主義詩論爭，本質上是對五〇年代以降美國冷戰意識形態中審美體系的批判與反批判的鬥爭。一九七七年的鄉土文學論戰，以及同時期力度較小的學術中國化運動，離開這時期的思潮背景，就無從理解。

在另一方面，台灣的自由派在思潮巨變的七〇年代的實踐仍然充滿矛盾。他們對全球性反越戰運動無動於衷。對現代詩批判和鄉土文學論爭，竟採取了與反共權力一致的鎮壓立場。

七〇年代，國際冷戰體制的緩解和重組，使台灣的國際外交合法性動搖，連帶使國府對內統制合法性遭到空前挑戰，新一代本地資產階級民主化運動鵲起。自由主義和知識份子在此時積極扮演權力和運動間的仲介，有所貢獻。但隨著本土論急速高漲，以外省籍為主的自由主義者終究被排除在運動之外。

## 八〇年代以後

七〇年代的外交劇變，使蔣經國著手政府和黨的、漸進的、有秩序的「台灣化」，以鞏固其對內統治合法性，來頂住國際外交合法性的破綻。但無如時不我與，一九七九年高雄事件大逮捕的反作用力，在八〇年代以更全面的民主化抗爭運動噴出。在朝野中壓力交互激盪下，八〇年中期後陸續出現反對黨成立，解嚴和報禁解除，開放大陸探親等一系列變化。一九八七年蔣經國先生去世，一個本地資產階級的國家政權登台。

歷史地看來，國民黨波那帕式（Bonapartist）「國安國家」向階級性國家政權的移行，和韓國一樣，沒有經過市民革命或政變，而是經由原政權主導的、由上而下的蛻變。尤其值得注意的是，政權蛻變過程中，台灣自由知識份子、學生運動，甚至反對黨，基本上是為新生台灣資產階級國家右傾政權的出台保駕護航，完成了不曾對過去以來「國安國家」進行歷史清理條件下的權力移行。

其次，是「台灣論」的絕對化和霸權化。被謝雪紅指為「反蔣不反美」的台灣戰後民主化運動，至七〇年代而發展為反獨裁、反共、親美的「黨外」運動。及八〇年代，進一步和台灣分離運動合流，發展出分離於中國的台灣民族論、台灣史論和台灣人意識論、台灣社會論和國家論，特別在台灣史和台灣文學研究的領域，儼然形成霸權論述。七〇年代重建的中國傾向性至此而消解。脫離中國的台灣共同體論，自外於中國歷史的台灣史論……已經成為今日朝野知識份子共同的語言。但迄今為止，對於這台灣絕對主義，知識界竟不曾有科學性的爭論——雖然隨著局勢的巨變，台灣論的科學性呈現出越來越明顯的破綻。

最後，約在九〇年代初，從美國學園傳來後現代主義諸思潮，一時「結構」、「解構」之說風行，「後殖民」、「女性主義」、「同性戀」的辭語充耳，卻幾乎很少和台灣歷史和社會的具體條件結合的論議。

殖民地（戰前）和新殖民地（戰後）現代性論，與另類的、抵抗的現代性論之間的矛盾鬥爭，是台灣現代和當代思想史的主軸。由於已經說明的原因，對另類的、抵抗的現代性的倡說，受到幾次沈重的打擊。沒有解決台灣知識份子和思想的主體性建設，如何面向新的百年，頗費憂思。

# 2 知識份子

## 知識份子的美學修養

**蔣勳**

文化大學藝術研究所畢業，後負笈法國巴黎大學藝術研究所，一九七六年返台。專攻中西洋藝術史，亦從事繪畫創作。曾任《雄獅美術》月刊總編輯、東海大學美術系主任、警察廣播電台「文化廣場」節目主持人、時報會館講師。著作等身，包括有《徐悲鴻研究》、《藝術手記》、《少年中國》、《母親》、《中國美術史》、《藝術概論》、《大度・山》、《多情應笑我》、《祝福》、《因為孤獨的緣故》、《新傳說》、《西洋美術史》、《天地有大美》、《美的沈思》、《舞動紅樓夢》等書。

「知識份子」是個滿新的詞，中國古代並沒有這個名稱，我們可能用「士」來代表讀書人。今天我想由歷史上，慢慢談一談究竟一個知識份子應該具備怎樣的美學修養。春秋戰國時，士已經成為一種獨特的身分階層，也就是說，當社會的結構發展到一定的程度時，會有一群專門以讀書、思考生命的價值、思考生活的導向的人出現，主導著龐大的文化。

## 春秋時代的禮樂之教

這時的儒家系統中，提出「六藝」：禮、樂、射、御、書、數，六種不同的學科來訓練讀書人。其中「樂」的部分是與美學修養最相關的，春秋戰國諸子的書中，幾乎都強調樂教。孔子甚至常以樂教去判斷一個學生在整體思維、生命性情中達到的狀況，於是樂教在整個士的美學修養中，扮演了一個重要的角色。它本身是非常感性的教育，我們可以看到「琴」這樣的東西成為中國讀書人非常重要、甚至是必備的東西，這和今天一個音樂家面對樂器的感覺是不一樣的，中國

的琴，不完全是一種樂器，而是一種生命情懷。因為當喜悅、鬱悶的時候，會藉著琴做一種生命情懷的抒發。俞伯牙和鍾子期「摔琴謝知音」的故事中，俞伯牙的琴，是生命中要與另一個人溝通、對話的。更極端的例子，是晉朝陶淵明的素琴，這張琴上一根絃也沒有的。這時，琴變成一種哲學，琴的演奏過程變成生命中自我彈奏的另一種形式。甚至傳說，一個最好的琴家彈琴時，不能有人偷聽，否則絃就會斷。這也讓我們意識到，生命中最美的東西，常常是跟自己對話的，不是表演的。因為只要有對象，藝術就會有趨附性、會做作。中國知識份子的美學修養，其實最大的一部分是講個人內在孤獨時刻的狀態，因為只有在面對自己的時刻是個審美的我、美學意義的我、真正的我。

## 《史記》中的美學形式

到了漢朝，我很自然地想到了司馬遷這個知識份子，他留下了一部影響極大的《史記》。我們看到書中有許多知識份子的典範，例如〈屈原賈生列傳〉中的屈原，是個很美的形象，他投江時，成為了生命的美學形式，而這樣的美學形式幾乎變成這個族群很多的知識份子，在讀到這一段時有巨大的感動。這種感動在於我們有沒有一個最內在、最美的自我，絕不受外在的侮辱、干擾。寧為玉碎，不為瓦全。其實，司馬遷一直在創造一種生命的美學形式，我們同樣看到另一個創造出來的人格典範——楚霸王項羽，他在楚漢相爭時，是個失敗者，可是司馬遷把他翻案成美學上的英雄。他在唱「力拔山兮氣蓋世」時，完全是真性情的流露。我們無法解釋為什麼歷史上〈霸王別姬〉一直被演出，只能說，司馬遷給了我們一個啟發，讓我們從現實的挫折中找回生命的完全。另外，荊軻也是《史記》中絕不會被忘記的人，他在出發前唱「風蕭蕭兮易水寒」，歌聲變成了生命的極致，而荊軻同時也成為一種美的典範。荊軻並沒有成功，也沒有改變歷史上任何事，可是他改變了生命本身的態度，達到了一種自我完成。

《史記》為我們留下了最早的知識份子美學典範，可是這些人都是現實中的失敗者，三個失敗者，三個美學典範。這樣看來，是不是中國有美學修養的知識份子，都變成了失敗者的典範?這樣是不是有一點阿Q式的悲哀？《史記》留下了讓人震動的東西，可是成功與美學又常是對立的，不過知識份子常會將這兩種對立統一起來。

東漢開國皇帝光武帝劉秀，是少數沒有殺功臣的開國君王，所以中國知識份子為了避免「狡兔死，走狗烹」，會「功成身退」，就像東漢最有趣的知識份子——嚴光。劉秀當皇帝時，大封功臣，嚴光就自己跑到南方富春江一帶去釣魚，直到晚年時他們才相見，這是我比較喜歡的故事，其中知識份子事功的完成，與美學的修養並存。他完成了美，但沒有背負《史記》的悲壯。

## 三曹與魏晉南北朝的美學修養

東漢結束，到了三國，出現了三個有趣的人物：曹操、曹丕、曹植，他們是精彩的政治人物，也是精彩的美學人物。曹操的詩寫得極好，是文武雙全的人物。曹丕懂得政治上的手腕，篡奪帝位，文學上《典論・論文》卻寫得極好，而且建安七子是圍繞著他形成的。才高八斗的曹植，七步成詩，文筆也是極好。不過，曹操是功業與美學修養不對立的狀況，他的兩個兒子，卻又將二者分離。曹丕篡了帝位，可是對中國知識份子的美、性情、情懷有很大影響的是曹植。他在那個禮教極嚴的時代，愛上了嫂嫂，寫出了〈洛神賦〉，這大概是第一次中國知識份子的男性這麼直接地去形容一個女性的美，我常很感謝這篇文章，它使中國及受壓抑的男性，有一個愛情幻想的對象，中國有很多文人，常一遍一遍地抄寫〈洛神賦〉，或者畫洛神賦圖。曹植與曹丕比起來，似乎又變成現實中的失敗者，可是他完成了生命情懷中的東西。

魏晉南北朝時，士人的生命情懷，可以在《世說新語》中看得清楚，書法、繪畫、文學在這個時期成為知識份子必備的修養。當時的世族，也就是王導、謝安家族是很以他們的修養、內涵驕傲的。王導家族簡直囊括當時的中國書法史。王右軍王羲之是這個時代很重要的典範，他在〈蘭亭集序〉中，正面地歌頌了生命中的美。他的價值，不在於有沒有當官，而在生命本身的完成。他還有許多故事，「袒腹東床」、「東床快婿」是大家耳熟能詳的。我們看到有一個時代是這樣重視真性情的。性情剛好相對於「禮教」，禮教是外在的，而禮教和性情一定要取得一個平衡，當禮教成為一個知識份子唯一的依靠時，就會虛偽、作假。可是若只有性情，完全沒有禮教，也很危險，就像下面要說的「竹林七賢」，他們生命中有非常高的悲劇性，七賢中美學修養最高的，應該是嵇康。中國音樂上最美的一首曲子〈廣陵散〉就是他作的，他太標榜美學修養上的性情性，所以與許多禮教對立。除了嵇康外，阮籍也非常重性情，他的一生，都在反禮教。我們看到，禮教有時和性情是對立的。這時美學修養被拿來對抗那些作假的虛偽，因為美學中有一個必備的東西：真性情。陶淵明也是一個追求真性情的人，他的〈歸去來辭〉和〈桃花源記〉都是我極喜歡的，兩篇都在說心靈的淨土，而〈桃花源記〉中，淨土是被漁人發現的，所有的知識份子都找不到它，這是一個有趣的寓言，對那個時代被政治扭曲的知識份子，做了很大的警告。

## 唐朝知識份子「對立的統一」

接下來我想跟大家談一個中國知識份子美學修養中理性與感性的平衡，我最感動的時代，就是唐宋。當時的知識份子是士大夫，讀書是為了做官，可是他們的美學修養一點也不遜色。其中很重要的角色是領袖，知識份子的美學修養健不健康，和領袖有極大的關係。譬如唐太宗本身書法寫得極好，又非常喜歡王羲之的字。再如武則天，她絕對是中國女性知識份子的代言人。她能篡位和她的知識有關，絕不只是因為手段陰險毒辣。她的文筆、書法、文學修養都極好，所謂知識份子的美學修養，她絕對有。

我想藉唐宋的知識份子來說明，美學修養恰好是使我們的生命由狹窄的現實擴大到生命情懷的東西，只有在美學的領域中，敵人間可以相互讚美。武則天篡位時，駱賓王寫〈討武曌檄〉討伐，武則天對這篇文章是一句一句地讚美，她為其中的美，以及文章背後動人的生命情懷而讚美。這時她以自己是個帝王來思考，應該有包容的氣量，而不是以她自身來思考。這種氣度是美學，只有美學可以讓人寬容、讓敵人不再是敵人。現實功名利祿的鬥爭終有一天會過去，人可不可能在另外一個世界有和諧的對話。美是一種統一，更是一種對立的統一。她為整個唐代歷史樹立了一個精神，到了玄宗，這是一個真正的美學時代的來臨。

玄宗時的李白是一個反體制的知識份子，他拒絕了所有的教育制度，崇拜游俠，可是他的詩震動朝野，宰相賀知章說他是「謫仙人」，玄宗看了他的詩，馬上封他為翰林學士。這時，玄宗愛上了當時還是壽王妃的楊玉環，五十年後，白居易寫了〈長恨歌〉，來記錄這一段故事。讀著讀著，我們其實很容易忘了這個人是皇帝。〈長恨歌〉中最感人的是他恢復了人的本性，好像一切帝王的功業，都比不上一點「在天願作比翼鳥，在地願為連理枝」的深情、「君王掩面救不得」的眷戀。只有在美學中，現實世界中一切的高低、貴賤、貧富都會變得平等，變成人對人的態度。知識份子的美學修養，其實就是人的本性的對待關係，只是我們常因為禮教而忘了這種本性。白居易最精彩的作品還有〈琵琶行〉，他在江邊為朋友送行，聽一個琵琶女彈琵琶有感，他說「同是天涯淪落人，相逢何必曾相識」，聽到了這樣的樂曲，他突然覺得這個身分、教育和他不對等的琵琶女，其實是在這個生命裡面共同分享喜悅、分擔憂傷的人，他把她視為一個對等的人，所以聽到最後會「江州司馬青衫濕」。這是非常純粹、深情的人性對話，這種東西在唐宋的知識份子中一直有，卻一點也沒有被低俗化。

## 第一流的宋代知識份子

宋朝有很多帝王的書畫都極漂亮，詩也寫得極好，他們知識份子的角色比唐朝還明顯。因為他們本身對美學的重視與修養，使宋朝出現了中國歷史上第一流的知識份子。范仲淹、歐陽修、王安石、蘇東坡都不是藝術家，都是為官的人，可是他們都有美學修養。范仲淹有一段時間是邊防司令，可是讀〈岳陽樓記〉時我們完全忘了他是做官的人，他寫對大自然的觀察，完全是詩人、畫家的身分。宋朝的知識份子常常不覺得他是一個政治的管理者，而是一個情懷的釋放者。

唐宋知識份子美學修養和事功是合在一起的。王安石和蘇東坡是當時新舊黨爭的兩個代表人物，可是他們私下是可以一起下棋作詩的好朋友。在人的世界裡，他們彼此欣賞，在政治的世界裡，他們對立分歧。我一直希望台灣有這樣的事，因為這才是知識份子的典範、人的典範。司馬光和王安石在政治上也是對立的，司馬光從官場上退下來，花了十九年，寫了本《資治通鑑》，為歷史留下一部書，這並不是「失意」，因為知識份子的終極關懷本來就不是做官。王安石死後，司馬光重新執政，他馬上召蘇東坡來寫王安石的祭文，他們不讓小人落井下石，要肯定王安石的作為。我們看到美學修養不只是寫詩，它其實是一個人性情上的恢復，性情上的包容、寬容、大器。

因為新黨的關係，蘇東坡一直被下放，烏台詩獄時，對他是個考驗，當自己被否定時，蘇東坡反而找到了他的生命座標。他流放到黃州時，一天喝了酒，被別人推倒在地上，一瘸一瘸地回家，他卻寫信給朋友說「自喜漸不為人知」，回家後寫下了「大江東去，浪淘盡，千古風流人物」，他忽然發覺，沒什麼好爭奪的，蘇東坡從那個時候救回了他自己，他最好的作品都是這時候寫出來的。此後，他的命運並沒有好轉，可是他卻越貶越高興，當懲罰不再是懲罰時，生命就可以海闊天空了。我們看到美學修養其實是一種生命情境。為自己找回本性並不難，因為它本來就存在，只是讀書讀得太多，把它扭曲、汙染了，所以孔子說「為學日益，為道日損」，書要越讀越多，可是要把知識份子的驕傲拿掉，把謙卑完成，回到很自在的狀況。

# 理性與感性

下面，我很想用一首常和朋友聊的詩，談談中國知識份子美學修養中最完美的生命情操，也對今天理性與感性的平衡話題做一個結束。這是唐朝詩人張籍的〈節婦吟〉：「君知妾有夫，贈妾雙明珠」，你知道我有夫，可是你送了我一對明珠。一個難題出現了，這女子的第一反應很有趣，她說「感君纏綿意，繫在紅羅襦」，她非常感動，於是把明珠繫在紅裙子上，很珍惜、眷戀的感覺，這是一種情感的釋放。可是她又有點不安「妾家高樓連苑起，良人執戟明光裡」，她的家世很好，是有禮教的，丈夫是朝廷中有頭有臉的人物。這兩句的回答是理性的，不同於上兩句的感性。接著她要拒絕了，可是她拒絕得非常委婉，「知君用心如日月，誓擬與夫同生死」，她說，我知道你是個光明磊落的人，可是我與我的夫君也決心同生共死，所以結論是「還君明珠雙淚垂，何不相逢未嫁時」，我把你送我的明珠還你吧，為什麼未婚時沒有碰到你？

人有現實中的緣分，也有不可解的緣分，雖是不可解，可是仍然很值得珍惜，可是理性與感性要能平衡，才可以有美學修養來處理生命中常常出現的兩難，這種兩難成為一種對知識份子美學修養的考驗，這美學修養是知識份子追求知識的起點，也同樣是終極關懷。我們共同希望，這個社會上的知識份子，能找回美學修養，它不僅是對音樂美術的喜愛，同時要把美學修養變成情感性的、對待人的態度，也就是一種關照與尊重，它同時具備了情感的敏銳度，和理性的節制，我覺得情感的豐沛是很重要的，如果沒有了情，理性只是乾枯的僵化教條而已，要知道什麼是愛、關心、牽掛、眷戀，然後理性發生作用，把情感處理得好，處理得當，生命才圓滿。

# 3 知識份子

## 商業社會中士人精神的再造

**余英時**

美國哈佛大學歷史學博士，曾任教美國哈佛、耶魯、密西根大學及香港新亞學院校長、普林斯頓大學講座教授等職。現為中央研究院院士，榮獲中文大學、香港大學，美國明德學院等校榮譽博士。學貫中西，著作等身，包括有《宋明理學與政治文化》、《歷史與思想》、《重尋胡適歷程》、《中國近世宗教倫理與商人精神》、《十字路口的中國史學》等數十種。

## 從「耕讀世家」到「棄儒就賈」

這一系列的演講名為「知識份子的社會參與」，其實知識份子就是傳統所稱的「士人」。然而，我今天所要演講的，仍然偏重於知識份子的範圍，因為從古代的士人到現代的知識份子有著一個很重要的變化。

在傳統農業社會中，「士」是一種流品，為某一類人。而所謂「士農工商」的四民概念亦普遍存在。過去中國有一種觀念叫做「耕讀世家」；也就是農人與士人常常出生於同一家，如曾國藩即是在普通農家出生。「士」是到了明代以後起了變化；有些一輩子唸了許多書的士人，不一定能夠考上秀才或中了舉人，但他們依然具備知識水準，因此轉而成為官府的幕僚，或是教書的先生，或是從商。因此，我認為在十六世紀，明朝末年，一直到外國勢力侵入中國以前，社會結構已經悄然改變。在社會之中，「士」和「商」變得難以分別。正如同十九世紀的人觀察到：過去我們以為「士」為四民之首，「商」為四民之末，而今不然。現在有錢的人才能送孩子去讀書，而錢財又常常是商業家庭才能提供的。所

委員會、聯合報副刊、立緒文化事
立緒文化事業有限公司／執行主

以常常士人出生於商人家庭。這種現象，在歷史上稱為「棄儒就賈」。因此，當時代改變，商人慢慢受到尊敬，社會地位上升。

此外，從唐伯虎、鄭板橋賣畫或如乾嘉大師和商人聯姻等故事中都不難發現，「士商合流」是十六至十八世紀中國社會史上的新趨勢。西方不少大企業家，專門收藏有名的古董與畫作，並且在死後不收分文地捐贈給博物館，因此成為藝術。明清大富商也用他們的財富支持文化和藝術的發展，如編印叢書、收買名家書畫等。揚州畫派、新安畫派也是靠鹽商支持起來的，園林藝術更與揚州鹽商有關。傳統的偏見說他們「附庸風雅」，其實是他們扶持了「風雅」。

## 一九八五年的轉捩點

方才提到「士人」轉變而成「知識份子」，最重要的時期在清末，以科舉廢止為分水嶺。中國社會向來重視士大夫教育，而對於男兒當兵有著嚴重的輕視。但從某一方面來看，中國人選擇賢才的重點在於「知識」，這在世界上是獨一無二的。理論上，大家總覺得讀書人明白道理，不偏不倚，非為某一特殊利益而存在。商人則彷彿為了爭財奪利而存在。因此一直到宋初，商人及其子弟都不能當官。當官好像祇應該是讀書人的事。這在古代中國也有其道理，但越到後來，便越不能維持這個辦法，商人也有了入仕的途徑。科舉的名額不會隨時間而增多，人口卻會慢慢地增加，因此，士人漸漸有了外流的現象，走入商人社群。最後，士大夫的精神也跟著慢慢流傳到商人的階層去，商人在社會上的地位愈往後愈重要。

一般人認為，商紳合流的觀念是受了西方入侵的影響；事實上，在十八世紀就已經有「紳商」名稱出現在官方的碑文上。在十六世紀日本倭寇大舉侵犯大陸時，江陰便有大商人修牆護城，除了是一種社會參與之外，也可以間接得知他們已然是新興的社會集團。

當然，我們無法確知何時士人忽然轉變成為知識份子，但一九〇五年廢除科舉制度絕對是一個關鍵。在傳統時代，透過科舉，可以保證讀書人有一條到達權力中心的路，但之後不再有了。所以我覺得「科舉制度」與「士人」是不可分的。如今新的知識份子和舊時代的士人有很大的不同，從以下的例子可以看得出來：在割讓台灣那年，康有為「公車上書」，參與的都是當時在北京參加會試的舉人，那是彼時一種士大夫的群眾運動。他們感覺到不能把中國的土地割讓給日本，因此大聲疾呼。我們可以說，清代士人的政治覺醒是以一八九五年為重要的轉捩點。在那以前，不曾有過一個群體性的意識。所以，許多革命或改革都是從那時候開始的。但是「公車上書」仍是士大夫的運動，和南宋太學生愛國運動一脈相傳，不過波瀾更壯闊而已。

到了一九一九年的五四運動，中國社會才有第一次現代知識份子的社會運動。他們四處尋求工商界的合作，因此有罷市罷工的狀況發生。此外，學生們更是積極地走上街頭。一般的群眾很容易便可以看出來一八九五年和一九一九年兩次運動的差異。這其間，不過是相差三十多年，傳統士大夫已經蛻變成為知識份子。因為，傳統士大夫會向政府請願，知識份子則轉而向社會訴求。

## 你是知識份子嗎?

台灣在這幾十年來和大陸有一個很大的分野，即知識份子總是扮演著自己應當有的角色，並且本著良知說話。不過慢慢地，大陸會漸漸接近台灣的腳步。我想，從長遠的角度來看我們的歷史與國家大勢，應該還是很樂觀的。「五四」以來追求民主、自由、人權的理想逐漸在實現，先是在自由中國的台灣，現在已傳佈在中國大陸上了。這是大陸上知識份子和老百姓的共同覺醒，不可能永遠被鎮壓下去的。

在我的講題中提到了「商業社會」，西方稱之為「資本主義社會」，今天流行的名稱是「市場經濟」，一切以「競爭」為主軸，但或許這兩種說法都不夠周全。競爭從原來的「市場」傳到各個社會層面，政治上競爭產生了民主系統，知識思想上競爭帶來了學術自由。西方人今天已常用「觀念的市場」（market of ideas）這個名詞了。其結果是「多元社會」的出現。

在多元化社會之中，誰都可以是知識份子，誰也都不是知識份子。不是有知識的人就是知識份子。比如有些終身關在研究室中做研究的學者，他在知識和專業領域中到達一個很高的水平，但他並沒有社會的參與。當然，他有權選擇這樣做，這是每個人價值觀不同的問題。但專門學者、科學家如果不參與社會事務，我們便不好說他們是「公共知識份子」（public intellectual）。今天的「知識份子」必須是關心並參與「公共事務」的人。

然而，在每個人的分工以外，其實還有一個共同的領域，攸關著每一個人的利益，我們稱它為「公領域」。比如最近你可能會特別關心「柯江會談」的問題，想知道這樣一個國際情勢所帶來的影響。因此，我們也可以稱這樣的一種參與為「公民意識」，那是存在每一個人的私生活之外的。就像綠黨重視環境保護；就像長江三峽工程只是毛澤東偶然詩句中的浪漫想像，但施工之後，卻可能帶來無法預知的後果。因為科技在便利之餘，確實也有其可怕的副作用。我想，人本身就是自然，又怎麼能妄想要征服自然呢？這就好比西方神學上的難題：如果人是上帝創造的，那麼人怎麼能有反抗上帝的自由意志？

因此我們可以知道：當社會漸趨多元之後，每個人都為了自己所心儀的價值護衛。「發展科技以增加人的福利」是價值，「保護大自然」使後代有一個良好的生存環境也是一種價值，卻可能難以兩全其美。這就像中國傳統裡面所說的「忠孝不能兩全」，並非是其中一方不好，而是價值本身就是衝突的。又比如法國大革命的口號：自由、平等、博愛。可是「自由」和「平等」之間便存在著潛伏的衝突。這也是自由主義和社會主義由來已久的爭執。我並非意指社會主義不好，它對於平等的概念有其重要性與貢獻。而自由市場固然好，卻又常常容易形成貧富不均的下場。

由此可知，沒有一個知識份子能代表所有的價值。過份的執著就會造成悲劇的誕生。

## 多元社會中的動態平衡

自由主義有一個新名詞叫做「分配的公平」。這也就是在西方福利制度中，希望連最貧窮的人也可以得到最起碼的生活保障。而大陸上的困難之處就在於沒有完善的社會福利制度。最早他們是從出生到死都由政府包辦，連反對政府的異議份子亦然。而那些異議者拿了錢又寫文章或拍電影去反抗政府。但今天大陸上走市場經濟的道路，已無力再包辦下去，可是失業下崗的人怎麼辦？轉型的困難是不可想像的，俄國便是眼前的例子。可見最初採用極權政府，壟斷一切社會資源是一致命的錯誤。今天一開始改變，便遇到了分配不公平的大危機。

其實，在愈民主的社會，政治的比重就愈輕。就好比中國古代有一個理想：帝力予我何有哉？農民們自食其力，日出而作，日入而息，不靠外力。換句話說，國家和政府只是為了要維持一個良好的共同領域而存在，因此必須隨時受人民的監視和督察，這只有民主才行。如果政府無法維護人民的利益，又不許人民表達反對的意見，必須動用武力，就本末倒置。正如黃宗羲在《明夷待訪錄》中所提到的一樣，人民才是真正的主人，卻什麼事都不能做。傳統中國君主的權力過份擴大，最後便成了一個專制社會。在民主社會中，你可以生活在政治之外，依舊受到法律的保障。可是專制社會不然，你不管政治，政治卻會管你。專制或極權政治必然是一元的，思想必求定於一尊，社會和文化都不能活潑暢發，弄成死沉沉的局面。

在民主社會中，知識份子在不同的領域，所扮演的角色就會不一樣。以今天台灣來說，價值多元，社會不斷變動，這是自然的現象。比如在這一系列的演講之中，可能每個人的政治思想都不一樣，但每一講者都能有完全陳述其觀點的自由，這便是多元的明證。如果我們要保持表面的「和諧」、「安定」，不許講者有不同的意見，那便成為一元化的極權社會了。我們的領域各不相同，價值考慮不一致，只能提出不同的看法，讓聽眾自由選擇。這是「思想的自由市場」，決不可能祇有一種聲音。知識份子在今天必然是多元化的。

人不是上帝，不可能有全面的透視力。因此我們只希望不同領域、不同觀點的知識份子，各就專業知識和公共關懷，提出不同意見，維護不同甚至彼此衝突的價值。在不斷的爭辯中，逐漸取得價值的動態平衡。我們決不可再以「和諧」、「穩定」為藉口，希望思想上能定於一尊。

中國傳統社會到了宋明以後，已出現思想的多元分化，可是我們的思想整體取向依然是一元模式。「和諧」、「穩定」是我們的最高價值，因此掩蓋和壓制了新觀念的成長。這一傾向在過去五十年大陸上又因極權體制的強大力量而加強了。知識份子因此不能發揮他們應有的作用。台灣則已從這個一元模型中破壁而出，但有時也不免積習未除盡。所以我願再強調知識份子多元化的重要性。

我又強調：在今天多元化社會中，知識份子已不屬於任何一個特殊階層。我們必須擴大「公共知識份子」的概念，使它可以包括一切有公民意識、參與公共事務的意願的個人。這可以打破知識份子高高在上的錯誤觀念。中國現代知識份子從「士」階層轉變而來，而「士」一向被視為「四民之首」，所以中國知識份子特別不容易擺脫「菁英論」（eltism）的陰影。在自由中國的台灣，已無人不受教育，因此人人都有機會扮演「公共知識份子」的角色。大陸上另當別論，那裡據說還有三億以上的文盲。如果人人都可以是知識份子，那麼我們更必須準備隨時聽到許多嘈雜的聲音。

## 只有自己能再造自己

我想，今天講題中的「士人精神」，其實應該就是知識份子的社會參與感與公民意識。只要自己有自覺，關心社會國家、重新體會即可。「再造」即存在於這一自覺之中，因為沒有人能再造你，只有自己能夠再造自己。傳統型「士人」變成現代公共知識份子便是自我轉化的結果。題目中「商業社會」也必須擴大其涵義，指不同領域的「市場」，但以「自由競爭」而論，其原始起點則是經濟市場。不過大家不能誤會，以為我主張一切「商業化」。「商」字有商量、協商之義，比較合乎民主、平等、自由的現代精神。

「士」的傳統在中國是特殊的。他結合了道德和政治的雙重身份。但是在西方，教會所代表的是社會良心，又加上有完善的組織，因而能與王權抗衡。比如清教徒就有著極大的力量，代表上帝發言。事實上，他們所說的話大多是與中國儒家士大夫相似的，是為民請命的，對社會現況不滿的聲音。雖然它表面上聽起來是宗教語言，內裡卻包含著許多政治意味，涉及社會抗議和社會批評。但中國儒家不是有組織的宗教，它依附在政治社會體制上，沒有自己的獨立組織。到了現代，它更只能存在於每一個知識份子的身上，很容易為政治暴力各個擊破，這是一大難題。

所以，在西方有透過組織所散發出來的團隊力量，在中國卻只能依靠許多不同的個人道德修養。這有好有壞，好處是比較自由，壞處則在於缺乏力量，而且個人隨時可能改變心意，從反抗暴政變為擁抱暴政，只在一念之間。此外，也較容易因為沒有組織的運作，因而沒有人可以檢查你到底合不合格？不同於西方教徒必須嚴格遵守教會規條，在中國，極可能是為利為益的人卻假裝成天理，這也是我們長久以來傳統上的負擔。不過，如明朝東林黨為了正義，寧死不屈的抗議精神，則顯得少而珍貴。梁啟超在〈新民說〉中早已指出中國道德觀念百分之九十以上是關於「私德」的，關於「公德」的極少極少。「各人自掃門前雪，莫管他人瓦上霜」，成為中國人的處世格言。孫中山說中國人是「一片散沙」也是此意。這仍是中國知識份子如何自我「再造」中的一大課題。

## 結論與期許

在我的感覺之中，傳統的「士」已經沒有了。所謂的「知識份子」已經慢慢邊緣化了。共產黨說「臭老九靠邊站」，其實能「靠邊站」大概還算是幸運的。在其統治之下，知識份子被迫害致死的人數根本難以估計。今年是他們「反右」的第四十年。在美國或者台灣，被人指為「左派」或「右派」並沒有很大的影響，但是在大陸上卻有可怕的社會後果。「左派」可以長期享受一切「革命特權」，一旦被定為「右派」，則成黑五類之一，便是鬥爭侮辱的對象，家破人亡是必然的結局。

因此，在共產黨裡最後能站起來的都不是知識份子。從最早的陳獨秀所遭受的下場便可知其端倪。在中共黨史上，知識份子走的是一條不斷邊緣化的道路，而真正掌握實權的則是一些原來在舊社會上屬於邊緣的人物。如毛澤東即一典型邊緣分子。儘管他書唸得很多，但他有另外的想法，便是如何在中國史書和小說中去尋找「整」知識份子的知識。最後的結果是，只有這種人才能在共產黨裡得勢。

大陸上知識份子前三十年是在毛澤東刻意迫害、侮辱、鎮壓下渡過，最近一、二十年又在黨內鬥爭和「商業潮」下備受衝擊。但大陸至今仍不是一個正常的「商業社會」。近十年來，中共的首領和子女們正在用權力換取市場利益，把黨控制的公共資產化為個別幹部的私人財富。大陸仍無法律可言，正規的商人是不可能與這些「紅色資本家」競爭的。知識份子的公共空間仍然少得可憐。這種情況對於海峽此岸的安全是一極大的威脅。台灣的知識份子幾乎完全不懂中共的歷史及其演變的現狀。中共的政治制度還是絕對一元化的，知識份子雖有多元化的要求，但隨時可以被扼殺。一般台灣知識份子因為看到大陸思想控制已不及從前嚴厲，以為大陸知識份子已和自己無大分別，因此對中共本身也不免掉以輕心，他們甚至已不關心大陸異議知識份子的命運。「莫管他人瓦上霜」的態度在不少台灣知識份子的身上都不難發現。問題的關鍵似乎在於台灣知識份子的政治判斷力尚有改進的餘地。

資訊發展到今天這樣的程度，好像我們閉門在家真可以知道天下事了。從這一方面看，作一個知識份子在今天似乎已經很容易了。但資訊愈是爆炸，愈是需要判斷的能力，否則即將淹沒在資訊的海洋之中。有些人以為擁有電腦就算萬事具備了，卻忽略了：電腦可以給你資訊，但不能給你判斷事情的能力。

我們作為現代人，要有公民意識、社會參與，每一個人也都必須試著扮演知識份子的角色，即使只是在生活中某一短暫的片段時刻。但是，正如西方一位女哲學家阿倫德（Hannah Arendt）所說，我們這個時代，由於太重視行動，卻成了一個不思不想的時代。「不思不想」正是缺乏判斷力的最大根源。沒有判斷力，一切「公民意識」、「社會參與」都變作了隨波逐流，依人腳跟而轉；只有形式，而無內容。所以，我最後一句話是：知識份子的「再造」必自培養深刻的判斷力始。

# 4 知識份子

## 知識份子還需要儒家嗎？

**傅佩榮**

美國耶魯大學哲學博士，曾任比利時魯汶大學客座教授，荷蘭萊頓大學講座教授，台灣大學哲學系主任兼研究所所長，現任台灣大學哲學系、所教授。著有《儒家哲學新論》、《中西十大哲學家》、《西方心靈的品味》、《不同季節的讀書方法》、《為自己解惑》、《人生問卷》、《四書小品》、《文化的視野》等數十部，並重新解讀中國經典《論語》、《莊子》、《老子》、《易經》、《孟子》等。

「知識份子」，是指可以運用知識，取得生存條件，充實生活內涵，推敲生命意義的人。所謂取得生存條件，是指可以藉著專業的知識、技能，得到工作，能夠生存下去；充實生活內涵，是指因為受過教育，可以看書、聽音樂，可以瞭解許多事，豐富生活內容；推敲生命意義，是最難的，因為生命到底有沒有意義、真正的意義為何，我們一輩子都要去推敲。所以「知識份子」基本的特色是「知識」，而這種知識是開放的，不斷向著未來、向著無限可能性開放的。

這樣的知識份子到底需不需要儒家呢？又需要什麼樣的儒家？儒家應該是一套知識系統，而這個系統應該合乎哲學的標準，以至於可以讓知識份子在瞭解之後，對他的生命有幫助，也就是「安身立命」。一個人活在世界上，所關懷的事情有四個層面，所以我們也就分由四個段落來談。

## 一、自覺與幽暗

這是談到人與自己的關係。任何一種哲學的開始，一定起於自覺。一個人覺

悟到自己是一個主體，可以從事思考。經由自覺發現到自我與別人不一樣時，這個自我有什麼內涵，該如何去理解、表達這個內涵？

所以我提到幽暗。西方人（如基督徒）講原罪，可是中國人不認為人一生下來就有惡的傾向，或者背負著由祖先而來的一種罪過，因為這樣講似乎太牽強了。中國人喜歡講「人性本善」，可是這樣又有點不符合事實，就是中國人在歷史上並沒有因人性本善，或者因為瞭解儒家，所造的罪惡就比西方人少。一種正確的人性理論，不應說是中國的或西方的，而應具有普遍的解釋效果。這時，我們就要提及「幽暗」的觀念，就是人性有其負面的因素。

我們談起《論語》時，喜歡提到正面情況，好像《論語》中充滿人生各種光明的想法，其實不然。孔子說過一段話：「德之不脩，學之不講，聞義不能徙，不善不能改，是吾憂也。」（7.3；以編號代表《論語》之篇章，以下同此。有關其內容之解說，請參考本文作者解讀之版本，立緒出版。）一聽之下，我們就可以知道，除了「學之不講」是與「老師」的身份所擔負的責任有關外，其他三項都是跟他本身的狀況有關。也就是說，孔子常覺得自己處於一種可能錯誤的狀態下，這是孔子啊！他從不覺得他處在一種光明正大的狀態、具有偉大卓越的人格。他的學生曾子也有名言：「吾日三省吾身，為人謀而不忠乎，與朋友交而不信乎，傳不習乎。」（1·4）都是由反面來看，所以中國人說「反省」很有道理，就是從反面思考自己。從反面來看，才能對照出自己做到的程度，這也就是自我要求。

所以自覺，是要從負面來審視自己有什麼缺陷，也就是肯定了生命有幽暗的一面。我們講「人性本善」好像很難從《論語》中找到依據，孔子最好的學生是顏淵，孔子說他「其心三月不違仁」，其他的學生只有「日月至焉而已矣」（6·7），這說明「心」和「仁」是兩回事，像顏淵那麼好的學生，也只是可以比較長一段時間不背離仁道而已。所以《論語》中講到「惡」的是比較多的，譬如孔子說「六言六蔽」（17·8）也就是六種美德和六種弊端，說明任何一種美德，如果缺乏正確的認知，就很容易得到相反的效果，所以他很強調立志向學。「學習」一詞在儒家中是很重要的概念，也就是說，他肯定人有理性可以學習不足的、不知的事物，經過學習，得到一個脫胎換骨、改頭換面的機會，使人到達一個新的狀況，而這新的狀況，又可以使生命不斷的提升。

所以人生不是一個平面的過程，是一個立體的過程。不是說從生到死，一步步走下去，而是每隔一段時間就要問問自己，走在哪一個階段。孔子「吾十有五而志於學，三十而立，四十而不惑，五十而知天命……」（2·4）一步步上去，不斷在學習、反省和自我鞭策的路上前進，於是「日知其所無，月無忘其所能」（19·5）。儒家沒有什麼秘訣，就是每天學一點新東西，隨著時間的進展，讓自己的知性能力也不斷地成長。

孔子很怕兩種人，一種是「群居終日，言不及義，好行小慧」（15·17），孔子說這種人「難矣哉」；另外一種人是「飽食終日，無所用心」的（17·22），他很擔心人只是活著，生命不應只合乎必要條件地活著，活著還需要充分條件，使人的特性凸顯出來，充分成為一個人。自覺與幽暗，就是每個人都應有自覺，可是我們更要小心人性中幽暗的一面，也就是我們的惰性。所以從宋明以來所宣揚的「人性本善」的學說需要重新思考，以我研究儒家的心得來說，應該是「人性向善」。「向」這個字就顯出生命有自由、成長、自我要求、不斷提升的動力。

## 二、自我與群體

這是儒家說得最多的，也正是儒家的菁華所在。關於知識份子需不需要儒家，這裡就可以得到肯定的答案。一九八二年在巴黎舉行了一場會議，參加的人都是諾貝爾獎得主，他們討論即將來到的二十一世紀，需要什麼樣的思想，當有人提出「孔子的思想」時，沒有任何人反對。很可能他們所認識的孔子，只是教科書上的八個字「己所不欲，勿施於人」（15·24），這句話被視為銀律，而金律是「己所欲，施於人」。金律是比較積極的，可是用在人與人之間，有時會造成壓力，教人吃不消。孔子的「己所不欲，勿施於人」用在人與人的相處上反而好，這是不把自己主觀的想法、作法強迫地加到別人身上。與會的學者都認為孔子的思想應該最適合將來的社會，因為他提到了「自己」和「人群」的關係，講得非常好。

同時我們知道，儒家講到自我與別人的關係時，是有分等差的，也就是從血緣關係到與人群的關係，從近到遠一步步推出去。我研究哲學二十幾年了，一直覺得人與人之間的關係，儒家是說得最恰當的；而就人性論來說，儒家也是說得最妥當的。因為它從人的生命切入這個社會開始，先把宗教、藝術放在一旁，直接就人與人之間的關係來討論。由此可以歸結出儒家有三個特色：第一、重視傳統。而傳統一定要與教育配合，才能傳承，所以重視教育。第二、關懷社會，以前儒家的學者一定要做官的，因為除了參政，沒有機會發揮他們關懷社會的抱負，所以強調政治。第三、透過道德修養，追求人生完美。儒家認為，完美的人生必須具備道德修養，所以重視德行。

從這三個特色，我們可以看到，儒家非常入世，它釐清了人際關係中許多的混淆與複雜。換句話說，何謂「善」？善就是人與人之間適當關係的實現。每一個人碰到別人的時候，他都要想到，怎麼對待才完美，而這個「別人」是沒有限制的，也就是可以推廣到天下人。儒家認為，一個人不管如何有品德；如果不能入世關懷人群，使整個世界、人類因為他而更美好，那麼這種品德畢竟只是空中樓閣而已。道家中有很多隱居起來的聖人，獨與天地精神往來，可是儒家中沒有關起門的聖人，所以儒家講個人與群體時，是坦坦蕩蕩，把自己放到人群裡面的。

可是問題又來了，人與人的關係可不可以很理想地統統做到呢？一個好父親一定是個好兒子嗎？一個好丈夫一定是個好朋友嗎？太難了！因為人與人間的關係是多重的、複雜的，人只要活在世上、與人群互動一天，便會覺得有所不足，有更高的境界可以去追求。這就是儒家，常常覺得不足，覺得有壓力，所以曾子說「仁以為己任，不亦重乎；死而後已，不亦遠乎」（8·7），這是很大的壓力，可是如果只看到壓力，還不是儒家，壓力和快樂是同時出現，才是儒家的特色，正面看待世界，瞭解人性向善，使個人與整個世界的人都有適當的關係。

## 三、自然與環保

一般人認為，儒家這方面比較弱，說得較少，這點我們同意，因為古代並沒有汙染的問題，所以也就沒有談環保的必要，這是時代的限制。那麼，儒家對自然抱持什麼態度呢？

基本上，儒家是以「人」為本位，發展出四個立場：一是競爭。古代的人和大自然的競爭很激烈，孟子曾說，聖王，譬如文王、武王，他們要驅除中國的四種猛獸，虎豹犀象，使人們可以安心生活。二是利用，利用大自然可以使人類的生命更為安全，更加發展。三為保護，例如各種天災人禍造成自然界的危機，我們要加以保護。孔子也是會打獵的，只不過孔子射鳥時不射巢中棲息的鳥，釣魚時「釣而不綱」（7·27），這是仁者「取物有節」的表現。四為欣賞，這是最高目標。《論語》中曾點的「暮春者，春服既成，冠者五六人，童子六七人，浴乎沂，風乎舞雩，詠而歸。」（11·26）這種與大自然和諧相處的描寫，是《論語》中得到孔子讚賞的少數篇章。其他的學生要當政治家、外交家、軍事家，孔子並沒有特別的表示，因為那是學以致用的，而且要靠外在的條件才能實現，可是與大自然的和諧快樂是可以自己掌握的。

## 四、信仰與宗教

這是最難講的一點，也是今天認識儒家的關鍵所在。研究儒家的人常常談到前面三點就停了下來。我先說一個事實，恐怕諸位很難想像，孔子每天吃飯前「雖疏食菜羹，必祭，必齋如也」（10·11），也就是雖然是粗糙的食物，可是一天三頓飯前，一定會先很恭敬地祭祀，懷念先人。由此可知，孔子每天想著他和超越的力量在一起，也從來沒有否定過鬼神的存在，祭祀時也是「祭神如神在」（3·12），就好像祖先真的在面前似的。今天我們看一個人祭拜時恭敬虔誠，都會覺得那是適當的，可是，我們不會問佛、上帝，到底在哪裡？如果一定要問祂們在哪裡，那就是我們先把問題想錯了，認為祂們一定要佔有一個地方，才能與人建立關係，這是不對的。超越界的確是不可知的，可是不可知不等於不存在。

世界各大宗教、哲學都不會說，「人」只有身體、心理兩個因素，因為這樣的人太簡單了。身體一定會死，而身體一死，心智就不能運作了，這樣並不符合我們所瞭解的人。所有的宗教、哲學都會強調人還有一個「靈」。靈，可以說是很玄，是soul，靈魂；或是spirit，精神。換句話說，靈就是給自己的生命特別意義的能力。譬如說，人可以在貧困中感到快樂，這種快樂是人在理解了一些道理後，再進一步，推到根源，感受到自己與宇宙的相通、合一的體驗。這種體驗與身體無關，身體可以很窮困，而心理能力上，認知的範圍還是很有限，可是靈的精神力量表現出來後，卻可以跟上下古今整個精神相通，可以擺脫所有的壓力，保持輕鬆愉快的心情。這是我們說到儒家時，特別要強調的。

我們常好奇儒家對人生的目的有什麼看法，可是我們又害怕聽到「行善避惡」這樣的答案，因為既然宗教也都是教人行善避惡，我們又何必需要儒家呢？可是儒家的行善避惡，不是出於一種獨斷的教條或權威，而是從經驗出發，作理性的解釋。很多人問我：「儒家能不能與宗教配合？」其實它們是不衝突的。原因在於所有的宗教所談的，是生前死後的問題，人生只是一個階段，只是生滅流轉的過程，不是重點。宗教鼓勵人們忍受生命中的痛苦，因為死後可以進入一個平靜安詳的涅槃世界，或者天堂。而儒家談的是生死之間的問題，也就是當下的生命，認為這才是我們所能掌握的一切。所以孔子講到他的信仰經驗時，特別值得我們注意。

孔子本身重視的是信仰，而較不重視宗教。宗教是人類社會的一種制度化的組織，所以講到宗教時就會強調有什麼教義、儀式、戒律；信仰則是人和超越界建立的關係。宗教是隨時代、社會的特定情況轉化的，可是宗教的本質不變，本質是什麼？就是信仰。現代知識份子，需要的是一種開放的心靈，這樣的開放，不能只向時間開放，也要向超越於時間、空間的超越界開放，也就是保留一個空間給信仰中的密契經驗。

## 結語

我們今天提出「知識份子需不需要儒家」的問題時，我覺得需要，這有很多理由：第一，儒家是一個相當完整的系統，涵蓋了從個人自覺開始，一直到和超越界的關係，也就是信仰；第二，這是一個動態的過程，代表生命是不能靜止的，必須不斷地自我超越，從自我超越到群體、超越到自然界、再超越到超越界；第三，生命是不斷提升的過程，人生的境界是有高低的，其標準就是心靈開放的層次。當我們把這個系統掌握住，再來問這是個什麼時代？

依我看，這是個後現代主義的時代，它有幾個特色：一是價值歸零。所有的價值都要重新開始設定。二是生活拼湊。現代人的生活內容，沒有什麼標準，從我們的食物、服裝、品味去拼湊而成的。三是當下即是。就是我看到了就算，我沒看到就什麼都不算。這樣的社會為什麼需要儒家呢？因為儒家可以在這個價值歸零的時代，重新架構一個配合人性的價值系統，這不是禮教吃人，這是符合人性的。對中國人來說，如果沒有儒家的思想，人就只是一個人，什麼意義與價值都說不清楚了。

二十世紀，有多少學派出現，可是不能否認，儒家中有一些永恆的東西，就是它對人性的洞悉。儒家鼓勵每個知識份子，都要對天下人負責，這也是古代以來，儒家的許多聖人，一輩子都在為百姓憂心，永遠無法自我安頓的原因。這其中展現了儒家無窮的人文關懷，這種關懷並不限於一時一地，而是涵蓋現在、未來的所有人類，以這樣的胸襟出發，自可顧及上面所說的四個層面。所以現代的知識份子當然需要儒家，不但中國的知識份子，包括外國的，甚至整個人類都需要儒家的思想。

# 5 知識份子

## 台灣宗教信仰中的知識份子角色

**李亦園**

美國哈佛大學人類學碩士，從事人類學研究四十餘年，曾任中央研究院民族研究所所長、國立台灣大學人類學系教授、國立清華大學人文社會科學院院長。現為中央研究院院士。著作《文化與行為》、《一個移殖的市鎮》、《信仰與文化》、《人類學與現代社會》、《師徒、神話及其他》、《文化的圖像》、《臺灣土著民族的社會與文化》、《文化與修養》、《宗教與神話論集》、《田野圖像》等書。

談到宗教，大家一定會想到近年來社會上不斷發生嚴重的宗教事件，從前年至今，尤其是八十五年九月份後，幾乎每個月都發生，造成社會緊張。九月的中台禪寺事件、十月份宋七力事件、十一月妙天禪師事件、十二月太極門事件。我們上課時開玩笑說，那些事情是故意發生給我們作研究的人實習用的，可是這些事情對社會引起的衝擊實在是很嚴重的。接著清海無上師事件、飛碟會事件，一直到今年一貫天道事件。這些事件使我們對幾個問題感到很困惑；首先，為什麼在這個時代會發生一連串令社會不安的宗教事件？第二，也就是我們今天要探討的：為什麼有不少知識份子會參與到那些看來很明顯是迷信的宗教事件當中？第三，在這樣的社會當中，知識份子到底應該扮演怎麼樣的角色？

## 台灣的宗教現象

實在說來這些宗教事件，都只是經過媒體披露的冰山一角而已，隱在背後的是，整個社會風氣的敗壞。「冰凍三尺，非一日之寒」，所以我第一部分，先來

／聯合主辦

檢討一下台灣許多未被揭發、未被分析的宗教現象。我分為六個方面來說明：

第一，也是最明顯的，就是我們的宗教行為，多是一些屬於巫術性、迷信的行為。根據研究，算命、風水、問童乩、收驚、安太歲、改運、安胎神這些巫術性的行為，從一九八五到一九九〇年，雖然增加了，但較不明顯。而自一九九〇到一九九五年，卻明顯增加。隨著科學的昌明，越來越多人反而相信古老的巫術性的行為，這是無法從報紙上得知，也是令人不解的，但卻是社會風氣的指標。

第二，這些巫術性的宗教行為背後，普遍有金錢遊戲、賭注、問明牌的投機行為。台灣的寺廟分為陰廟——拜鬼的廟；和陽廟——正神的廟，例如媽祖廟、關公廟。現在拜陰廟比到陽廟燒香更為流行，而拜陰廟就像是做買賣一樣。我們做研究時，收集了許多關於明牌靈驗，就修廟、掛金牌；不靈，就回去把神像的鼻子、手臂砍掉、將神像翻過來打屁股的例子。這明顯與社會、商場、黑道中許多投機取巧、想要不勞而獲的行為，非常密切地扣連在一起。甚至有些正廟，也以神的名號標會，說這樣標到的會能得神助。這些明顯與金錢、利益、賭博有關的宗教活動，也是社會風氣的反映。

第三，另一種現象是這些神格較低的廟宇所供奉的神像，有越來越多的趨勢。民國五十四年，我開始在彰化海邊做研究，那時每個廟中供奉一個主神，邊上有一、二個，最多三個跟民眾日常生活相關的神。後來神像慢慢增加，到八十二年，我們在新竹調查，有一間小廟竟奉有一百六十三尊神像的紀錄。「神只要靈就拜，越多越好，總會碰到一個會保佑的」，這反映出相似於商場上的多角經營、多方營鑽的風氣，也是社會與宗教相互襯托的一面。

第四，早期的宗教，大半著重於團體的活動，現在逐步發展成為私人解困的活動，這是由研究童乩的過程中觀察到的現象。民國五十年左右，童乩作法，大多在村廟中，每週一次，解決村民的問題；現在童乩多在自己家中作法，這樣得到的錢就不用分給廟方，而成為私有賺錢的辦法。以前為全村解決問題的宗教活動，演變成為滿足私人實質上的利益，這種由為群體福利轉變成為個人私欲的宗教行為，也是我們可以清楚看見的。

第五，宗教活動逐步牽涉到一種進入精神恍惚狀態的儀式表演，也就是跳童乩。早期我們能見的童乩現象是很有限的，為村落的大事，一年一次，一季一次、頂多一星期一次，而且都是專職人員在作法，但是這種現象有逐步擴展到一般年輕人的趨勢，也就是所謂八家將的表演，成為年輕學生逃避學業的方法，實是很有礙團體精神健康的活動。

第六，我們在前面所說的五點，大半是屬於民間信仰的活動，可是我現在要說的是有關正信宗教的現象，特別是佛教。佛教和民間信仰原本應是有別的，可是很多佛寺為了吸收信眾，慢慢採取了一些世俗儀式，來迎合民間信仰。舉個例子來說，佛教原是不燒金銀紙的，但譬如我們在新竹針對三十幾座佛寺所做研究，發現已有近半數寺院允許燒佛紙，由此可見，佛教已經隨著信徒的需要，朝著民間信仰的方向走。這種與民間信仰爭信徒的風氣，更形成各寺廟互相競爭擴張勢力的現象，大家都看到，台灣重要的寺廟暗地裡都在爭信徒，他們忘了本來的目的，是為了讓人民的心靈有超越的提升，卻與原本就注重現實功利的民間信仰去競爭，正信的宗教未能產生引導的作用，反而被牽著走，這是最嚴重的問題。

## 宗教功能的整合與鬆散

我們做研究，不僅要注意表面發生的種種現象，更要探索那些現象背後的社會隱憂。許多人分不清楚哪些是宗教、哪些是迷信。我想要分辨宗教、迷信、巫術，就必須要有一套學術的理論來說明清楚。宗教的分析研究有兩類：一類是信了以後，從裡面看問題；另一類是以研究者的立場從外面、客觀的角度來看問題。這兩種一定要相互來往，可是常常會有衝突。所以先請虔誠信教的人稍予原諒，讓我們從客觀的立場來研究，因為即使是虔誠的信者，也應該從客觀的立場，對我們的宗教作理性的反省，這才是知識份子應有的態度。

下面我們就可以開始探討，為什麼當前的宗教現象會這樣混亂？要回答這一問題可以從兩方面出發：第一個方面，可以從宗教在人類社會的功能、作用來看。宗教是人類社會共有且必有的現象，這是因為宗教實際具備三種主要的功能：第一，生存的功能。只要是宗教，一定要滿足人類社會的心理需要，人活著就有生老病死種種不幸，必須靠一種力量來幫助、彌補、撫慰，才能使心理有所寄託，才活得下去。任何宗教，最根本、最先開始的功能，就是生存功能。

宗教的第二種功能，是整合的功能。宗教是整合人類社會的重要力量，早期每個村落都有一個廟，用來整合村民。以前客家人和閩南人之爭，也常用廟來凝聚向心力，成為一個團體。西方也是如此，同一個教區，就是同一個團體。一直到現在選舉的時候，大家也都到廟裡去，龍山寺就是一例，藉共同的信仰，凝聚人心。但是宗教的力量若僅止於此，那隨著科學的發達，宗教終將衰退。宗教就是因為有第三作用：認知的功能，才會在現今的社會中，仍然非常普遍盛行。所謂認知的功能又可再分成三個層次來說：第一個層次，就是提供解釋人生、終極關懷的意義。自古以來人類都一直為生死、來世、人生價值、天堂地獄、宇宙存在等所謂終極關懷問題而苦尋答案，而宗教就是要回答這些終極關懷的種種困惑。第二個層次，就是回答一些道德倫理的問題。人類社會許多道德倫理的基本規範，大都是靠宗教來支持的，譬如說基督教的十誡、聖經，或者城隍廟中高掛的算盤，算人一生的功過，這都是規勸人遵守一些道德倫理的準則。第三個層次，尤其是東方宗教更明顯，就是企圖使人類在智慧、德行上超越平凡的境界。

宗教的最高意義，是能引導能夠超凡入聖，藉由各種不同的方法，使人在精神、智慧、甚至感情方面能夠超越，這些是科技不能取代的，因此也是宗教最終極的功能。

綜合而言，假如是一個成熟的宗教，大都是將這三個層次，生存、整合和認知的功能，均衡地整合在一起。但是並非所有的宗教都是如此的，其間有的宗教，太著重第一種功能，就容易走入現實、功利的境地，就像現在的台灣即是如此，比如以前的童乩多是為社會群體而進入精神恍惚的狀態，現在卻都是為個人，那已經忘了第二個功能，趨向於完全著重在第一個功能，這樣的層次就低了。成熟的宗教，三者就比較平衡，可是現實的壓力會使它們越來越往功利的方向走，若宗教如此、社會也是如此，整個社會就越來越不安了。

## 制度化與普化宗教

但是為什麼有些宗教在三種功能上能取得平衡，有些則不能？尤其是台灣當前的宗教現象，為什麼會這樣偏向於第一種功能呢？要回答這一問題，就要進入我們要說的第二方面的問題：大家要知道，人類的宗教形態可分為制度化宗教（institutional religion），和擴散化宗教（diffused religion）、或稱普化宗教二大類。所謂制度化，是一個宗教發展到比較成熟的地步所產生的現象，它有明顯的教會組織、公認的經典、清楚的教義、且宗教的儀式和日常的生活有一定的分開，基督教、猶太教、伊斯蘭教、佛教都是制度化的宗教。擴散的宗教則是沒有嚴格的組織、不一定有經典，也沒有明確寫下來的教義，且跟一般生活混在一起，像中國傳統的宗教就是。我們傳統的宗教，最根本的是祖宗崇拜，不像基督教有一個清楚明白的神在那裡，而是跟著生活一起發展出來的。大體來說，制度化的宗教容易形成上述三種宗教功能的整合；而擴散或普化的宗教，則較易於趨向單一功能的強調。若以基督教和中國傳統宗教作比較，我們當然可以說，基督教是一個制度化的宗教，以神為中心發展的；中國傳統宗教，則是以人為中心，跟生活結合在一起，這是很不一樣的。也許我們可以這樣說，中國的傳統宗教雖是普化的宗教，但是這與原始民族的普化宗教是頗有不同的，我們是一個以人為中心的信仰系統，我們的道德倫理規範有儒家的哲學作為根據，而儒家的天命思想也即是我們終極關懷的出發。藉由儒家思想的普遍化，就很自然地像西方的聖經一樣，產生了平衡第一種功能的作用，但是當儒家式微了，第二與第三種功能就失去支持的力量，而第一種功能就如脫韁之馬，無所拘束地跑野馬了，這也就是今日台灣宗教現象的面貌了。

## 知識份子應有的態度

坦白說，台灣宗教面臨的，就是這樣的現象，我們的道德倫理、終極關懷都混亂了，既不接受西方的，又放棄了東方的，這是普化宗教在變遷中的必然現象。那麼，回到最重要的問題：知識份子在這樣宗教功能特化發展，而不能整合的境遇下，應該採取什麼樣的態度、扮演什麼樣的角色？我們切不可隨波逐流，成為那些庸俗宗教的一部分，以助長它們腐蝕社會，在這個關鍵的時候，應該要思考如何扮演現代儒家的角色。我不是說要回到儒家，而是像從前的儒家一樣，在第三個功能上，產生作用，不要跟著同時更應阻歇第一個功能無限度的發展。作為一個知識份子，在瞭解宗教現象的根本結構以後，應該知道如何創造一套讓人民能夠信服的終極關懷理念，讓人民有一個遵循的方向；如何建立工商業社會的價值倫理、道德觀念，讓人民有一個標準；更重要的是如何引導人民，在德行、心靈、智慧方面，能超越平凡的境地，不要被政治、迷信這些紛紛擾擾引導著走，不要被庸俗、滿足私欲、爭權奪利的宗教所瞞騙，而走上凡夫俗子投機取巧之路。在這樣的社會中，知識份子應該注意到，我們的宗教，需要一種人文意義的終極關懷，需要更好、更新、更合乎現代的道德倫理，發揮東方宗教的超越傳統，利用宗教精神，帶領大眾開發智慧與心靈，在宗教的領域中，智慧與心靈的開拓，要比財富與權力的開拓，更具終極恆久的意義啊！

# 6 知識份子

## 科技、信仰與文明

**沈君山**

美國馬里蘭大學物理學博士，曾在普林斯頓大學、太空總署、普度大學研究及任教，並擔任清華大學校長等職。學識淵博，著作豐富，包括有《浮生後記》、《浮生再記》、《尋津集：從革新保臺到一國兩治》、《臺大人與臺灣高等教育》、《逐鹿橋壇卅五年》等書。

## 理性與信仰

理性（reasoning）和信仰（faith）是人類本性中的兩部分。科學本身就是理性的具體表現，它有許多的特性，譬如「普遍性」，即以簡入繁，科學可以用很簡單的條理，把世上許多現象說清楚。牛頓的萬有定律是個很好的例子，為什麼蘋果會從樹上掉下來，月亮就不會？這樣推下去，許多的現象就可以用萬有定律解釋了。科學的另一個特性，就是「一致性」，基本上就是因果律，也就是說一定的情形下，可以得到一定的結果。譬如摩擦可以使運動停止，所以踩煞車時，車就一定會停下來，不會有例外。當然還有「內協性」（self-consistence），在內協性的條件下，科學才可以一步一步推演下來。別的學科，例如哲學，雖然也有這些特性，但科學最後的權威是實證，就是驗而後信，再美麗的學說若不能經過驗證，都不能被相信。綜合來說，科學最主要是認知的學問，但它也可以應用，應用的結果是技術，所以我們稱「科技」。

接著我們來談信仰。這裡說信仰不說宗教，是因為信仰是比較大的範圍，宗

沈君山

教是信仰的具體表現，可是宗教又有許多分別，這裡不多做說明。信仰與科學最大的分別，是宗教最後的權威是先驗性的原則。西元三、四世紀時聖．奧古斯丁，St. Augustine 就曾經說「Do not examine, only believe.」（不要檢驗，只能相信）。而信仰也包含了兩部分，一個是認知，一個是規範。西方的宗教，例如基督教的《聖經》中有〈創世紀〉，說明人在宇宙中的地位，人是怎樣開始的，這是認知的規範，但是其中也提了許多道德倫理的規範。至於儒家的思想，著重的是一種道德規範，對認知上的問題，並不說明，《論語》中有「未知生，焉知死」、「子不語怪、力、亂、神」的記載。不管怎麼說，信仰最重要的是那些先驗性的原則，這些原則多少反映了一些當時社會的需求，或者日常經驗，它們變成了日後的經典，例如《聖經》、《可蘭經》；或者變成了一些金科玉律，例如「百行孝為先，萬惡淫為首」，我們待會兒將提到，社會的變遷，使得金科玉律受到了挑戰。

因為這些特性，理性與信仰——或者說科學與宗教，在歷史中有衝突，也有相輔相成。這種衝突不一定壞，因為任何的體系，不論價值體系、知識體系，都需要改進，只有外在的衝擊，才可以使它改進、有生命力，所謂「流水不腐」，若沒有衝擊，社會就會停止，不再進步。

## 歷史上理性與信仰中的三次衝突

今天我要說的是理性與信仰的第三次衝突，在這之前，我先說明一下前兩次，大家也許可以鑑往知來，知道以後該如何走。這兩次是專對西方文明來說的，屬於認知與科學的衝突，東方在認知上並沒有與科學起過衝突，是到了第三次，信仰中規範那一方面才開始有了衝突。

## 政教衝突

第一次衝突，始於公元二、三世紀，結束於四、五世紀，那時希臘文明已經建立了一些科學的觀念、方法，基督教這個入世的宗教興起後，跟希臘文明起了衝突。這次的衝突，信仰獲得勝利，整個西方因此進入大約一千年的黑暗時期，科學都沒有往前走。這次衝突中的關鍵時刻，是西元三一二年，康士坦丁大帝（Constantine the Great）奉基督教為國教，政教結合，使基督教獲得合法地位。

宗教與科學最具體的衝突，在於宇宙的理論上，也就是認知上，地球是不是宇宙的中心；人在宇宙的地位，是不是上帝的選民。在基督教的認知上，第一，地球是靜止的；第二，地球是宇宙的中心。其實在希臘文明的晚期，對太陽系已經有相當完整的認識，當時就已經有了哥白尼在西元一千五百年左右所提出來的「地球繞太陽運轉」理論，那時這個理論的失敗，並不全然是因為與宗教相左，而是在科學上站不住腳。那時萬有引力尚未被發現。所有的觀測，又相當粗略，所以希臘的科學家提出來時，並沒有被採信。故而我們歸結出當時科學失敗的原因是：第一，理論上、技術上沒辦法支持；第二，「地球是宇宙的中心」符合宗教界所肯定的：人是宇宙的中心、是萬物之靈、是上帝的寵兒。

## 科技與宗教衝突

第二次的衝突，在十六到十九世紀，由哥白尼、伽俐略、牛頓到達爾文許多科學家，與宗教發生一長串的衝突。這次衝突又重新探討了「人是不是宇宙的中心？」宗教漸漸失去絕對的權威，科學獲得平反，從十三世紀就已經從基督教中許多偉大的神學家，同時也是僧侶所開始的，例如 St. Thomas Aquinas、Roger Bacon 等。因為在黑暗時期，也就是中古時期，所有的人相信《聖經》是最後的權威，這些人做了很大的努力、寫了不少書，試圖把理性和信仰結合起來，把理性帶進宗教裡面來。那時的宗教對他們非常寬容，甚至鼓勵，不過到了後來，宗教覺得受到威脅後，就開始有相當兇殘的壓迫，西元一六〇〇年，科學家布魯諾（Brono）遭火刑燒死。

假如要找出這次衝突的關鍵時刻，我認為是西元一千六百年左右，這時有兩項重要的發明：一為望遠鏡；一為顯微鏡。望遠鏡對宗教權威的消失來說，是一個非常重要的發明。它最初是由一些荷蘭的眼鏡匠，為了娛樂或商業上的需要發明的，伽俐略在一六一〇年將它改造成天文望遠鏡，用這個望遠鏡，發現了木星的四顆衛星和太陽的黑子。這些觀測的證據，在在支持了哥白尼的論點。因為有了望遠鏡，人類才能仔細去觀測、進而瞭解宇宙，把宗教的權威推翻；而顯微鏡，則對當時的醫學和進化論，有相當大的幫助。經過這一次的衝突，科學終於獲得平反。

其實，世界上的知識很多，其中一部分能實證的叫做科學，科學又可分為幾個層次，我以「蜥蜴、恐龍、太空生物」來說明。蜥蜴是冷血動物，我們隨時可以抓一隻來解剖、來驗證；恐龍是真實存在過的，雖然我們都沒見過，但至少有化石可以相信。但是若要假設恐龍是冷血或溫血，這雖仍屬於科學範疇，卻不是完全的科學；至於到底有沒有太空生物，因為宇宙中有許多和地球具相同特性的星球，於是猜測太空中有別的生物存在，這也是科學範疇，只是更不科學了。科學以外的知識叫做「非科學」，非科學不是反科學，而是科學能力所不能及的部分，例如「上帝是不是存在」？「人死後有沒有靈魂」？另外，違反了科學的認知，稱為「反科學」，例如說某個星座的人，就會有某些個性，有人甚至為此去買股票，這是違反科學的。還有一些假借科學中一些定律，來解釋非科學的現象，稱為「偽科學」，例如有人用物理學上的「不確定原理」（Uncertain Principle）來解釋宋七力本尊、分身可以同時出現在台北和長城，這就是偽科學。

## 道德倫理規範面對科技力量的挑戰

基本上，科學和宗教在認知上已經獲得了調和，現在第三次的衝突，是宗教中的道德倫理規範，面臨科技力量的挑戰。當初人的能力並不能損害大自然，對於生老病死也無能為力，可是科技的發達、醫學的進步，讓人可以與自然界抗衡，這也必定會造成一些衝突。

物理科學的革命，只會影響到認知，可是技術的革命，尤其是有經濟效益的技術，則會影響到社會的各方面。科技的發展，可以分成三個層次：科學上可能、工程上可行，以及商業上有利可圖。當商業上有利可圖時，影響就是全面性的了。二十世紀以來，科技的發展可以分成：太空、能源、材料、電腦、生物和醫學這六個方向。太空科技在認知、技術上對人類歷史都是一個很大的突破。能源科技上，雖然知道了 $E=mc^2$，卻仍停留在科學上的可信，未達到工業上的可行。生物科技，在複製技術上已經相當有成果，卻仍未到達像電腦一般，對人類的生活有那麼大的影響。醫學科技，在器官移植等項目上也已經有很大的突破。材料和電腦結合在一起，成為資訊科技，發展得快、價錢又便宜，是最具突破性的。到西元兩千一百年時，資訊科技會有多進步？我們可以分成三部分來說明：

第一「Processing Power」，就是一個晶片（chip conductor）或半導體（semi-conductor），可以增加運作速度一百到一千倍；第二是「Transmission Power」，當資訊通過光纖傳送，可以增加十萬到一百萬倍；增加最多的是第三種「Connection Power」，把不同的電腦連結起來一起運作，所得到的是$n$的平方倍，也就是說，台灣兩百萬台電腦若連起來，工作的效率就是兩億電腦的能力，這是非常驚人的。這種情形下，科技不平衡的發展會產生一些問題。大家聽得很多的是「永續發展」，就是希望科技可以一直發展下去，可是要永續發展，經濟成長率和能源減耗率就要相等，才不會很快消耗掉所有的能源，所以開發、反開發如何平衡，就需要好好思考。

另一方面，科技的發展，也加速造成強者愈強，弱者愈弱；富者愈富，窮者愈窮。這有三個原因：第一，科技發展原本就使強國愈強，因為強國會有足夠的科技，去發展更先進、更精密的科技。第二，科技使資源的必要性下降。資源本是落後國家賴以維生的經濟產業，譬如說，馬來西亞是橡膠主要產地，可是科技發達國家可以發展人造橡膠。資源的必要性一旦被剝奪，他們就只有更窮困、更落後，也就更無力發展科技。第三，環保議題把持在已開發的國家手中。開發中國家沒有能力達到環保或生態保育的要求，所有的發展都必須考慮到這個限制。我這裡有一些數據，可以看出資源能源的消耗。如果以國民生產毛額（GNP）來區分，一萬美金以上的有四十八個國家，共八點五億人，平均所得是美金兩萬三千，全國總產量平均一百九十二億；一萬美金以下則有一百六十九個國家，共有四十八億人口，平均所得一千美元，全國總產量平均五十億。由此可見，只佔六分之一人口的已開發國家，平均收入是二十三倍於未開發國家，全國總產量亦是後者的四倍。總的來說，科技的發展使窮者愈窮，富者愈富，若不加以約束，將會出現很多問題。

現在人的能力愈來愈大，大到可以破壞自然的法則，科技使人太不平凡。最近看一本雜誌說，人將來可以活一百五十歲，不管什麼器官壞了，都可以有人造器官來替換，可是生老病死的問題，乃牽涉到最基本的道德倫理，而人該如何面對這樣的進步呢？二十一世紀應該是生物科技與資訊科技結合的時代，非常重要的是，如何重新建立、重新詮釋（reinterpret）科技化以後的倫理道德？我個人的看法是：

第一，規範應該是動態的，而非靜態的。中國的倫常、綱常一旦訂下，是幾百年、幾千年不變的，可是那已經無法適應瞬息萬變的社會，所以現在的規範雖可以有一些不變的主要規範，但細節上，則應與動態的社會相應。

第二，科技知識應是所有的人所必備的，並不是要知道所有的細節，只是人必須有通才的知識。這是科技文明與人文文明結合時，必要的條件。

至於科技的發展與世界的發展，文化是文明的內涵，文明是文化的實體，進入二十一世紀，受了科技的衝擊，文明的發展有內部的演進，也有文明之間的衝突。最近相當有名的 Huntington 「文化衝突論」，其主要論點是：

第一，二十一世紀，文化的衝突代替了意識形態、國家權力的衝突，成為主導世界政治的主因。

第二，他把世界文化分成八種文明：西方（基督教）文明、伊斯蘭（回教）文明、東正教（斯拉夫）文明、儒教（遠東）文明、印度文明、拉丁美洲文明、非洲文明、日本文明。他認為儒教文明會和回教文明合起來對抗西方文明。

第三，他認為普世的文明，也就是世界性的文明還不可能。他忽略了科技對文明的重大影響，科學在今日已是影響文明重要的因素，日後一定會是更加舉足輕重，因為它是以相乘的累積形式發展。

## 歷史的終結與最後一人？

所以，個別的文明必須與科技結合，凡一文明內在條件與科技發展的條件，諧和者興，反之者衰，而且興衰的過程也是加速地進行。所謂內在條件包含本質與工具，本質是指價值體系等，工具是指語言、文字等。我們在大約一百年前提倡「中學為體，西學為用」時，就是希望思考出如何維持固有的價值體系，又可以發展科學。第二，動態而多元的世界文明會加速達成，也就是說屆時，在上會有一個主規範，這個規範會受到科技的深刻影響，而主規範下會有不同層次的次規範，這些會受到傳統、文化、習俗的影響，並且不能跟主規範有矛盾。

社會學家法蘭西斯．福山曾說，文明到最後會有「end of history」和「last man」。但是我們把科技加入這個理論後，可以知道，瞬息萬變的科技不會使文明走到「end of history」和「last man」的，那將一直會是一種動態的文明。

（本文因作者身體不適，未經其親自校讀，特此說明）

# 7 知識份子

## 人文之美與知識份子的責任

### 何懷碩

美國紐約聖約翰大學藝術碩士。曾任教於清華大學、台北藝術大學教授，現任國立師範大學美術系教授。文字著述有《孤獨的滋味》、《創造的狂狷》、《苦澀的美感》、《大師的心靈》、《給未來的藝術家》等十餘本，繪畫創作有《何懷碩畫集》、《心象風景》等七冊，編訂有《近代中國美術論集》、《傅抱石畫論》等。

## 「人道」就是做人之道

德裔美國學者潘諾夫斯基有一本書，書中描寫歐洲十八世紀大哲學家——康德，在死前九天，他的醫生、朋友來訪時，風燭殘年的他，還是發抖著站起來，讓友人先入座。朋友問他為什麼這麼老了還要如此客氣，他說：「人道之情，還沒有離我而去。」

人道（humanity），在十八世紀是指人的一種高雅氣質、禮儀。康德對人道精神終生奉行的行為，在他當時的情境，更加凸顯了這句話的意義，對我們瞭解人道、人文精神的意涵，很有幫助。潘諾夫斯基對康德這樣的行為，有兩種解釋：其一，是人對終生堅守的自我要求原則，有一種悲劇意識與自豪感；其二，康德的表現，令人體會到，人對必死的命運、宿命一種徹底的屈服。

由此我們可以說，人道有兩個含意：第一，人類跟比較低等動物間的差別，構成了人道的內容。人本是從動物來的，可是隨文明的進展，人的自我提昇、自我追求，使二者間的差別，越來越大，這是人自己創造的尊嚴與價值。第二，人

・立緒文化事業有限公司／聯合主辦
限公司／執行主辦

類跟超越人的、宇宙間較高的存在，譬如說神、「道」之間的關係，構成人道另外一個內涵。也就是說，個體生命的不永恆，構成人很大的侷限，所以使人謙卑和反省。人道的精神應該包括這兩層面，而人文主義，就是從人道中發展出來的。

人文主義、人文精神，其實就是對人的尊嚴的一種信念，它應該有的態度是：一方面是不斷追求信念以及責任心；另外一方面是一種寬容、謙卑、仁慈的胸襟。像康德晚年所表現出來，對尊嚴、自我要求的堅持，就是人道，也就是做人之道。

## 「泛道德主義」造成的偏頗

我們所生存的世界，有三個層次：第一，物理的層次，它是沒有生命的、無機的；第二，生物的層次，它是有生命、有機的；第三個層次，是屬於文化的，這是人創造出來的，而人文之美就是文化光輝之美。中國文化中常常以為人文之美就是藝術上、美學上所謂的美，於是偏向重視以許多裝飾來美化，社會上則喜歡美言「粉飾太平」這種觀念對我們整體文化的開展而言，是很大的阻礙。

中國自古就重視倫理道德，儒家說：「教化行而風俗美。」不過，中國文化中對「美」的認識，和「善」同義，偏重在倫理道德主義。把人文的價值，過分偏重在道德上，造成兩個缺點：第一，壓抑了文化其他方面的發展。我們的文化沒有西方那樣波瀾壯闊、既深且廣的追求。五千多年來，我們追求的，還是「一以貫之」。我常常很感慨，西方的哲學史，多少派別不斷地「百花齊放」，中國有什麼新的哲學嗎？我們對人生、宇宙有什麼新的看法嗎？當今最大的哲學學派，還是新儒家。有許多中國人智慧很高，在國外得了諾貝爾獎，可是思想、藝術、人文的體驗上與西方相較，就顯得非常薄弱、淺陋。這是因為泛道德主義壓抑了人類智慧對其他議題的關注。

第二、泛道德主義讓我們將藝術工具化、狹窄化。我自己學藝術，常感覺到在中國作一個有自覺的藝術家之困難。中國許多藝術家，只是依附古人、抄襲、模仿，藝術只是裝飾品，表現美好、吉利、吉祥，來取悅別人，就像是馬戲團中的雜耍，或是古時帝王身旁說笑話的弄臣。另外一些藝術家則負責提供藝術薰陶性情的教化功能。你去問一個中國人「藝術有什麼用？」他多半會說：「美化人生，陶冶性情。」這句話不是完全錯，只是把藝術看得多麼褊狹，多麼工具化。

於是，中國今日藝術的方向，以及一般民眾對藝術的要求，還停留在非常古代的觀念，沒有反省、沒有超越。

藝術主要的宗旨、目標，絕不是要娛樂人的，藝術早應擺脫美化裝飾或者娛樂功能和道德教化工具的角色，藝術應該是要表達人類共同的命運，或者個人所體會的宇宙人生最深刻、最本質的東西。若要表現這些東西，就一定會碰到康德老年時所陳述的人的侷限。西方的藝術家所表達的，是人複雜的內心世界或社會中真實存在的真相，這是多麼大而深刻的範圍。所以我們對「美」的理解的狹窄，造成藝術上的侷限。

藝術發達，是一個社會人文昌盛的指標之一，然而人文之美，絕不只是藝術之點綴而已。一個社會的人文之美，可以表現在幾個方面：第一，理性的精神。這是一種對知識的尊重，不為名利地追求智慧、探索宇宙人生的真相。第二，美感的創造、價值的追求，都可以體現出一個社會的人文之美。第三，是人的自我要求、自我提昇。像康德一樣，遵守一種人道精神，自我約束。放到群體社會上來說，就是一種遵守律法的精神，因為法治是道德的另一面，也可以說是道德的延伸，所以守法的精神也是一種人文之美。一個社會的人文之美應該表現在這些方面，不該只表現在藝文活動和美術館、音樂廳等硬體設備的增加等表象上。

## 知識份子不是一種職業，是一種心態

學歷很高並不一定就是知識份子，知識份子不是一種職業，它是一種心態。知識份子有時會以為，自己可以負起改造社會的責任，其實他們常會失望，因為改造社會不是那麼容易。我想，只有在兩種情況下，知識份子才能起作用。第一種情況，在社會大眾被壓迫，沒有發言權、沒有自由時，大眾會希望知識份子出來，代他們說點公道話。不過對台灣來說，這一段時間已經過去了，現在人人說話聲音都很大，言論自由到了極點，尤其像電台的 call-in 節目，因為每個人的觀點都不一樣，所以台灣熱鬧得不得了。這樣的狀況下，社會大眾不欲聽知識份子的聲音了。

第二種情況，知識份子若能發揮作用，是要在一個尊重知識的社會。可惜台灣是一個不太尊重知識的地方，所以儘管台灣有第一流的知識份子，可是他們發不出聲音，那些說話大聲的，都是媒體寵兒或政客，大家也許以為他們是社會的菁英，其實，人類社會的菁英永遠應該是文化的創造者與知識份子。

中國的儒家思想，有很大的貢獻，可是也有問題。那麼重視「修身、齊家、治國、平天下」，狹窄得不得了，好像政治上的功名，才是人生的大成功。所以許多讀書人為了謀求自己的前途與名利，都向權力靠攏。很多大學校長、教授，不少都去做官了，好像留在學術教育界，是不得已的事。我剛剛說，知識份子不該是一種職業，可是在這工商社會中，它慢慢變成了職業，沒能做官，只好販賣知識。當它變成一種謀生職業時，知識份子的使命感就消失了。

我們真該檢驗我們的人文精神，對人文的理解是什麼？什麼是人的成功？人的價值、意義是什麼？我們的中國文化發展到今天剩下什麼？我們社會所呈現的是許多鬥爭，和赤裸裸的現實利益的追求。所以我說，要在一個尊重知識的社會，知識份子才能有作用，不然，就算把第一流的知識份子擺在台灣，也是被糟蹋掉，發不了光。

## 台灣社會的反知識傾向

台灣社會反知識的傾向，越來越嚴重。我們看到社會中，風水、占星術、星座、姓名學、紫微斗數，都非常流行，騙財詐欺的神棍到處都是。電視台除了氣象預報外，還告訴大家今天是吉日或凶日，也有靈異的節目。這些東西基本上是反智的，只會造成人們對知識的不信任。我看到這些。只覺得台灣可憐，學歷越來越高，可是卻處處顯示出一個非常落後、無知、反知識、糟蹋理性的社會才有的現象。

說到這裡，讓我提一下武俠小說。最近有幾個電台天天談，書也十分暢銷，很多大學教授、學術界有權威的人對武俠小說之愛好、推崇，好像中國歷史、西方文學中就沒有什麼更值得推崇的東西。很多第一流的文學，大家不一定看，可是武俠小說大家都看。當然，大眾通俗小說沒什麼不好，就像西方有偵探小說，譬如福爾摩斯，它們其中的確有些文學造詣、寫作功力，可是那些是消遣娛樂，一個社會竟會為之瘋狂，報紙推崇備至，而且被稱為「學」，還有世界性的學術研討會，實在不可思議，這也難免令我為全世界文學界的作家、天才在台灣的寂寞，感到怨嘆。

現在故宮展出的畢卡索和張大千，他們是二十世紀明星藝術家，可是更深刻、更有成就的藝術家，我們長期冷落。傳播媒體願意出錢出力來辦一些藝文活動，當然是一種貢獻，可是有時也是一種偏頗。媒體更大的責任在擴大我們的視野，讓我們看到整個世界。

台灣的經濟非常發達，經濟上有很大的改善與進步，可是卻是一個非常缺少人文之美的社會。舉個不為一般注意的小例子，我曾經到俄國去觀光，看到他們的墓園，有很多感觸。俄羅斯雖然窮，可是他們許多文化上的偉人，像柴可夫斯基、托爾斯泰，或甚至一般人的墓園之精緻、莊重肅穆，在中國社會是見不到的。墓園旁有許多雕刻、裝飾，要是在台灣，一定早就被敲下來賣了。金門、澎湖很多清朝的石雕，都被破壞殆盡，可是俄羅斯那麼窮，卻沒有人去碰那些東西，沒有被盜賣、敲壞，而且沒有特別保護，仍安然無恙。看到這些莊嚴肅穆的墓園，可以感受到人的尊嚴，即使是死了，也是有尊嚴的。反觀中國的墓園，尤其是有錢人的墓園，都非常粗製濫造、設計粗俗，而價格高昂。我們所重視的是看風水、佔地皮，希望世世代代子孫升官發財，就是這個樣子充滿了勢利和貪念。中國文化就是這樣，對生命、人的侷限，完全沒有深刻的反省。

其實，台灣就連宗教也是有問題的，有的教主的照片，穿西裝打領帶、頭上還有光環。德瑞莎修女是全世界景仰的人，台灣不是沒有這樣的人，可是德瑞莎修女背後有那麼龐大的財富嗎？我們的宗教動不動就要籌組龐大的基金組織，差不多像政府與企業，有巨大的權力，擴大到政治、商業的領域中了。

愛情是人生很重要的一部分，可是在我們社會中境界也非常低。我們常常從新聞中看到，許多受過高等教育的中上階層人士，也不乏名流，處理愛情的方式，真是可怕。愛情只是利益、欲望的結合。還有，最近警察也發生許多恐怖的情殺事件。我們對生命的不愛惜、不尊重，已經使下一代受到很大的影響，少年人跳樓、上吊的事件近來頻頻發生，令人憂慮。從政府到民間、從學界到商場、從媒體到宗教，人人似乎都在追求權勢、追求感官的滿足、追求財富。於是我們的人生宗旨變得非常簡單，就是權力、欲望、金錢。

人文精神講到徹底，就是人的尊嚴、人的意義的提昇。台灣社會累積了許多財富，可是卻浪費了，因為我們不會運用理性的知識與人文關懷的心來主導社會的發展、運用社會的財富，使文化、人的品質能夠提昇。這是很可悲的。很多人都在惋惜，如果台灣真的有嚮往人文之美的心願，生活品質不知比現在好上多少倍。

## 結論

真正的知識份子，要具備關懷社會、關懷人群的使命感；另外，他還要超然於任何的利益團體之外，不屬於哪一個黨派，他所關注的是人文價值的維護與發揚，這才是真正的知識份子。

關心我們社會的前途和人文的美，需要我們好好去反省。中國人過去幾千年來，累積沈澱下來的文化型態、人生態度，並不足以保證我們有一個現代化的高文化素質的社會。儘管經濟再好，我們還要在這種不愉快、不安全、不安寧的低品質生活中過日子。因為我們都只注意現實功利與一人一家一族一黨之私，我們的文化不斷擴張、中國的文化不斷萎縮的情勢下，中國文化中最好的部分逐漸消亡，不良的部分或悖時的部分卻不斷膨脹，我們的文化當然沒辦法跟西方平衡交流，我們將喪失自尊與信心。我們許多優秀的人才要受西方的訓練，或者要到西方才能開花結果，在中國的環境中只能枯萎，這樣的情形不改善，我們的文化創造力將完全衰頹。在全球化的趨勢中，只能隨波逐流，仰西方強勢文化霸權的鼻息苟活。

知識份子不是一種職業，只要是有知識，受過文明的教養，有關懷、奉獻精神的人，都可以是知識份子。要改變台灣現今的情況，還得從教育、社會制度、政治等多方面著手，雖然未來仍有一段痛苦的長路要走，我們的社會，還是會有希望的。不過，要看社會中是不是有大多數有覺醒的人。

# 8 知識份子

## 知識份子與社會良知

**楊國樞**

美國伊利諾大學哲學博士（心理學）。曾任國立台灣大學心理系教授及系主任、中央研究院副院長、中國心理學會理事長等職，現為中央研究院院士。著作豐富，包括有《華人本土心理學》、《新世紀大學教育》、《中國人的蛻變》等書，並主編《中國人的性格》、《中國人的心理》等書數十種。

## 何謂知識份子

先談什麼是知識份子。這個名詞最先可能是指俄國的 intelligentsia，這些人非常關心政治經濟、社會文化、或思想層面等等社會大眾的問題，甚至參與革命的行動。西方社會歷代以來也有很多知識份子，他們超越了個人本行的專業領域，關懷社會大眾的福祉、民族的發展以及社會思想的演變；為政治、經濟、文化及教育的發展提供理想；對社會的整體發展產生非常巨大的指引、催促、批判、支援的作用。西方政治、社會、文化的快速發展，跟相當數量的知識份子的存在非常有關。

中國也有知識份子，其中一個最具代表性的例子是宋朝的范仲淹。范仲淹寫過一篇〈靈烏賦〉來歌頌靈烏，而這靈烏實際上就是我們所說的知識份子。全篇的精神可以用兩句話概括：「先天下之憂而憂，後天下之樂而樂」，這是不以自我為中心；和「寧鳴而死，不默而生」，就是寧可批評社會、朝政、君王而死，也不會當個啞巴，苟活於世。知識份子的精神，就是這兩句話，我今天要談的知

化建設委
報副刊、立緒文化事業
有限公司／執行主

識份子，就是這種知識份子。

我們很難給這種知識份子一個名稱，他有古典的色彩、浪漫的情懷、人文的關懷、社會的意識，他能超越自己的專業領域，關心整個社會、國家、民族的問題。這種精神是古典的、浪漫的，這個「浪漫」不是風花雪月的浪漫，而是一種「民胞物與」的俠義精神。台大社會系葉啟政教授用了一個詞概括這一種人，我覺得很合適，那就是「人文知識份子」。他們站在「人」的立場，巨眼環視人間世，看出國家社會潛在的危機；超越了性別、膚色、種族、宗教、階級、黨派的關懷。這種悲天憫人的胸懷，不是技術性的，不屬於哪一種專業，它與學歷高低沒有太大關係，沒有很高學歷的人，經過自修、閱讀、閱歷，也可以成為人文知識份子。除了人文（或古典）知識份子之外，還有一種知識份子叫做「專業知識份子」，就是在其專業領域上，有豐富的知識學養，但是關心的範圍只限於自己的團體、行業或學科。我今天要說的是人文知識份子，不是專業知識份子。

# 知識份子的性格特徵

我是學人格心理學的，所以喜歡從人的性格上來討論。從性格上來看知識份子，我歸納出十個特點：

第一，強烈的社會關懷：知識份子的關懷面超越了個人、朋友、家庭，關懷的是整個社會、國家、民族及世界。

第二，濃厚的理想主義色彩：不滿現實是知識份子的基本屬性，假如一個人知足常樂，他就不會去當知識份子。知識份子對現存的一切都是不滿意的，他總是用更高遠的標準去要求，更廣大的理想去超越過去的理想。所以有時知識份子很討人厭，其實理想主義不是壞事，只不過中國人太現實，所以范仲淹才會自比為烏鴉。知識份子就是烏鴉，他有烏鴉心、烏鴉嘴。

第三，堅信的改革主義：許多知識份子認為，沒有什麼是不能改的，即使是大家說很難改變，諸如政治、經濟、社會、文化及教育等問題，知識份子都覺得可以漸漸改變。

第四，豐富的知識與智慧：知識份子的知識要多要廣，可是不必像專家那麼精。知識之外，還要有智慧，就是要有深刻的生活經驗。我常常覺得知識份子是一種俠客，為人世間的不公不義抱不平，他拔筆相助寫成文章，因此會以言犯禁、以文犯禁，所以知識份子應稱為「文俠」，以有別於以武犯禁的「武俠」。

第五，高度的敏感能力：知識份子對社會上的問題，尤其是負面的弊端或缺點，特別敏感。對好的部分，卻視為理所當然，不太敏感。

第六，銳利的分析能力：有的人敏感，可以發現問題，但說不出道理，知識份子卻能說出一套通透、通達的道理來，讓人恍然大悟。

第七，高超的創發能力：我認為知識份子要為事情的解決方法找出新點子，我說的點子是指對社會問題的解決有益的方法，這當然又牽涉到知識和智慧了。

第八，足夠的獨立精神：知識份子必須要有獨立的心靈來獨立判斷、思考，能跳出個人、團體的影響。

第九，旺盛的批判精神：知識份子要批判，不是光講好話的。如果要在我今天說的十種性格中找出最具代表性的兩項，那應該是理想主義和這裡所說的批判精神了。

第十，高度的堅忍精神：也就是自我強度要高。這又包括兩方面，一是抗壓性，二是拒誘性。壓力是直接的，知識份子批評當道，觸怒執政者，這麼大的壓力下，還是要批判，這就是有抗壓能力。誘惑則是間接的，用官位、美色、金錢來引誘，一個知識份子的長成不簡單，好不容易具備了前面九個特點，缺少第十，就報銷了。所以要成為知識份子，就要鍛鍊堅忍精神。

以上這十個特點可以幫助我們瞭解知識份子是一種什麼樣的人，而有志成為知識份子者，也可以往這些方向去努力。

## 知識份子的社會角色

接下來，我要談談知識份子在社會中扮演的幾種角色。首先，知識份子是社會理想的創造者，他有理想主義，所以可提供社會發展的理想。他提出一種價值觀、遠景或願景，使大眾得到鼓舞，找到希望和方向。其次，知識份子是社會問題的診斷者，他能找出社會的弊病，並且加以診斷。第三，知識份子是社會現象的分析者，能對社會複雜的現象加以分析。第四，知識份子是社會事務的批判者，他能對經濟、政治、教育、文化等大問題加以批判。第五，知識份子是社會改革的建議者，他能倡議社會該如何改革。第六，知識份子是社會改革的行動者。

我認為前五項是標準的人文知識份子的社會角色，但是第六（採取行動）就有待商榷了。知識份子可以發起遊行、參加抗議，這是推廣一種理念、想法。可是有的行動，譬如知識份子當起官員來，成為在朝者，就不再具有知識份子的身分了。知識份子應該是一個超然的裁判，成為官員的同時，他已變為球員，就不宜兼做裁判了。又譬如有的行動是用暴烈的手段革命，要推翻原來的政府，這時候參與其中的人就不宜扮演知識份子的角色了，因為他動機太烈，情感太強，已經有了選定的主觀立場，不再客觀、中肯。我始終認為，人文知識份子應該定位在「概念人」（man of idea），而不是「行動人」（man of action）。並非知識份子不可以參加改革，只是有了行動的同時，就不必再扮演知識份子。知識份子應該時時保有清明的心靈，中立地觀察社會的問題，並尋求解決的方法。

## 中國的社會文化不利於知識份子的產生

從上面的說明，我們可以知道，知識份子可以說是社會的良心，不懼強權，仗義執言。那麼，接下來就談談台灣社會中知識份子的現狀。

我常常把知識份子分為兩類：大知識份子，小知識份子。小知識份子每個年代都有不少，但大知識份子則常如鳳毛麟角。大知識份子在前面說的十種性格上，都比小知識份子高出很多，關心更大的問題，冒更大的危險。大知識份子很難養成，百年中或許找不到幾個，真是寥若寒星。他們的分析力那麼強，那麼有洞見，沒人發現的大問題都看得出來，都敢公然批判，真是高瞻遠矚，膽識過人。他們是全社會或全人類的知識份子。

講到這裡就讓我有感慨：前面所說的十種性格特點和五種社會角色（第六種不算），在中國人的社會中是不容易出現。舉個例子來說，講到社會關懷，中國人的關懷向來是由小漸大，家庭就夠關懷的，能擴大到一鄉一縣已經是極少數的了，關懷到一國的，就更少了。大家覺得管到別人瓦上霜就是不守分。講到改革主義，也不容易形成，中國人講的是命中注定、安身立命、逆來順受，在這樣的社會文化中，改革的念頭是不容易有的，所以可以幾千年原地踏步，在改朝換代中因循下來。另外，要有獨立精神也難，在中國人的複雜人際關係網絡中，人情壓力大得不得了，根本逃不掉，要怎麼獨立？批判精神就更不用說了，不管批評得有沒有道理都不行，批評得沒道理自然群起而攻之，有道理也會視為在講別人「壞話」。我們的社會文化，就是這麼不利於知識份子的產生。在這樣的背景下，我要說說當前台灣知識份子的困境。

## 當前台灣知識份子的困境

第一，專業知識份子越來越多，人文知識份子越來越少。老一輩的那些被苦難洗滌過的人文知識份子，日漸凋零。現在的生活好了，看到沒什麼大問題，好像不再有人真正關心台灣的遠大方向。社會分工日細，專業知識份子越來越多，有較高的待遇，相較於人文知識份子的曲高和寡、「不食人間煙火」，自然是受重視多了。於是，沒有人（包括媒體）在乎人文知識份子的言論，使當前的環境越來越不適於人文知識份子的生存。

第二，現在的知識份子的超然性、獨立性、中立性越來越衰退。我常懷念過去世界著名知識份子的「潔癖」，不沾染任何派閥的那種一柱擎天的堅定態度。現在有很多高教育程度的人，已經失去了論事處事的超然性和獨立性，在處理重要事情時私心自用。這絕不是好現象，令人非常痛心。舉一個現實的例子，有的大學中，投票決定教授、副教授的升等時，有些竟會考慮到省籍或統獨意識的問題。這些考慮省籍因素的人之中，居然有自認是知識份子的人，這怎麼不叫人傷心？如果自己不中立，要怎麼去批評社會的不公不義？知識份子不能超然，就已經失掉了最高貴的特點。

第三，我前面也提到，知識份子到政府行政機構任官的情形日益嚴重。我們瞭解這些人的心裡很急，認為要改革，就應該「下海」。這對一般人來說，沒有什麼不好，可是對知識份子來說，則應特別謹慎。為了實行自己的理想，知識份子可以出任為官，但一旦為官，就不要同時扮演知識份子的角色，因為他已失去了扮演知識份子角色所必備的在野的超然身分。

第四，現在知識份子「失足」的機會並不比以前少。台灣的確解嚴了，知識份子不會動不動就被抓，可是壓力、誘惑一樣存在。它們大概來自四方面：其一是政府，會迂迴地用名利、地位來誘惑。其二是媒體，它控制了發表的園地，媒體對很多有知識的人來說，仍是很有吸引力的，所以有的人就會遷就媒體的立場說話。台灣媒體有一個怪現象，就是一點也不避諱自己有非常清楚的政治立場，所以許多人發表言論、撰寫文章時就會順應媒體的立場。其三是企業界，有些人寫文章會顧慮到企業界；譬如涉及到「國民萬用卡」的事，有人怕得罪想接下這項業務的企業，就會變得不便說話。其四是民眾，許多人會討好民眾，明明知道是非對錯，就是不敢寫，怕觸犯眾怒。上面所說的四方面都有資源，這些資源都會影響到知識份子說話的方向或內涵。在這些力量的拉扯下，知識份子搖搖擺擺，所以我說知識份子堅忍性還是很重要的。

第五，我覺得台灣人文知識份子越來越少、越來越不容易產生，因為一切都變得越來越商業化，連寫文章、表達意見也是如此。這話怎麼說呢？具體地說就是「零售」，現在許多人寫文章都是短程操作的零星意見，要立即回收利益，沒有一些大宗的、有系統的東西出現。談問題、寫文章都是求其輕薄短小，培養不出沉潛下去深刻思考社會大問題，然後孕育出一套完整思想系統的知識份子。這種市場趨向，當然培養不出像樣的知識份子，甚至還會扼殺既有的知識份子。

從整個趨勢看來，這五種困境使我們處於一種不利的狀態。放眼看台灣，不要說是大知識份子，就連中、小型的知識份子也是屈指可數。假如我們的社會中大知識份子不會出現，中、小知識份子又日漸減少，只有專家、學者越來越多，那麼面對國家與社會的重大問題，就只能頭痛醫頭、腳痛醫腳的應付，既無遠大方向、也少高超理念。所以，如何培養大大小小的人文知識份子，如何讓人文知識份子發揮更大的作用，是我們今後所必須面對的重要課題。

# 9 知識份子

## 知識份子與宗教關懷


### 釋聖嚴

日本東京立正大學碩士、博士。法鼓山文教禪修體系創辦人。曾任中國文化學院、東吳大學、輔仁大學教授，中華佛學研究所所長。承臨濟宗及曹洞宗，是近代禪宗大師虛雲老和尚的第三代法嗣。著作甚多，包括歷史、戒律、禪學、文學、遊學講記及論著等，分別譯為日文、英文、德文、俄文、義大利文、葡萄牙文、捷克文、越南文等多國語言。其所著「聖嚴法師學思歷程」一書榮獲民國八十二年國家中山文藝創作獎。

## 前言

現代的知識份子，都應該關懷宗教，因為宗教和我們的社會脈動息息相關。宗教的學術研究，名為宗教學，它可以從許多不同的角度，來探討宗教問題，例如：文化人類學的宗教學、社會學的宗教學、心理學的宗教學、哲學的宗教學、文學及藝術的宗教學、文化史的宗教學、政治及經濟的宗教學，現代人則尚有科學的宗教學等。但其各有自身的背景和立場，故也各有其偏重及偏輕之優點和缺點。我是主張以宗教立場的宗教學，來探討宗教問題，是比較完整的，不過要以超越於各宗教教派的立場，也超越於各種學派領域範圍的立場，來實事求是地肯定宗教、判析宗教，還給宗教本身的實質，確認宗教本身的特性，才是最中肯的，也是對於社會人心最有益的。

宗教學是一門非常繁複和深奧的學問，我本人自從一九六八年，由中華書局為我出版《比較宗教學》一書以來，浸潤於宗教學的研究及教學，已三十多年，對於宗教學的認知，還是非常淺薄。我從一九四三年進入佛教的寺院，成為出家

的僧侶以來，實踐宗教師的禪修生活，已歷五十五年，擔任禪修指導，也有二十多年，但我對於宗教內涵的體驗，還是極其有限。

據我所知的宗教，它的層面，相當寬廣，不僅教派名稱，多得無法盡知，單以屬性而言，即有原始性的、家族性的、民族性的、地域性的、民俗性的、世界性的各種宗教。若以出現時代的早晚而言，則有傳統宗教及新興宗教。若就信仰者的階層而言，則有廟堂性的士大夫宗教及民俗性的民間宗教。若以宗教的功能而言，則有作為祈願靈驗的、作為倫理實踐的、作為哲學思辨的、作為開發靈性的等四種；若能具備這四種功能的全部，則為高級宗教，若具有兩三種功能的，則為中級宗教，若僅有第一種功能的，便是原始形態的民間宗教或民俗宗教。

在我們的社會裡，有許多人沉迷於宗教現象及信仰效果的追求，因而失去了自主自立自信的能力，也混亂了正常人的生活秩序，甚至招致族群之間的互相對立，家人之間的口角紛爭。也有許多人認為宗教信仰，僅是庸夫愚婦的行為，說什麼求神、拜佛、許願，無非是原始人類所殘留的風俗習慣及神話傳說。縱然有若干奇蹟的效應，也不過是出於信仰者本身的心理作用，充其量亦係自然現象的巧合，根本沒有什麼鬼靈、神明與菩薩等那些東西的存在。

其實，這兩者都不是現代知識份子們所應有的態度。因為人類的高度文化及其智慧的產生，多是淵源於宗教，人類之有心靈生活與精神領域的開發，也多是來自宗教信仰的實踐。

宗教信仰，之所以在我們的社會中，造成沉迷氾濫及否定排斥的兩種極端，乃是由於知識份子們對於宗教所持態度不明確，所做的正面關懷太少，對於宗教的常識不足，也無法給宗教信仰多做一些疏導性的工作，便使得我們的社會大眾，若不是一窩蜂地盲從，便是一面倒地批判。加上政治人物的推波助瀾，新聞媒體的爭相報導，以致讓大家一方面錯認為宗教信仰非常發達，另一方面又誤以為宗教信仰給社會帶來了更多不安的因素。這也正是現代知識份子們，應該加以深思的一個課題。

## 知識份子的界定及其對於宗教的態度

**一、中國傳統觀念中的知識份子，指的是士大夫階級的儒士，對於宗教的態度曾有三種現象：**

(1)以為宗教即是鬼神信仰，便如孔子的思想「未知生焉知死」，「敬鬼神而遠之」。乃是存而不論的態度，不是關懷的態度。

(2)以宗教為愚夫愚婦的迷信，對社會無益，於文教無用，甚至有害，此以范縝的神滅論等具有唯物論者傾向的態度。

(3)以傳承儒家道統為己任的知識份子，例如宋明理學家是閱讀佛書而排斥佛教，吸取佛學而否定佛法。直到民國初年仍有讀書人的大門口張貼著「僧道無緣」的告示。

## 二、現代中國知識份子，大致可分作兩大類：

(1)人文科學領域中的學者，包括文、史、哲學，乃至宗教學術的研究者，對於宗教，多少會予以關懷，但也僅止於研究，從社會學家及文化思想史的角度，多少會給予宗教若干程度的正面肯定，卻未必接受宗教。此可以北京大學幾位名家為其代表。新一代的儒家學者，雖也持有此種態度，但已能比較客觀地來看待宗教。

(2)自然科學及社會科學領域的知識份子，包括理工、數學、生化、管理、政治、法律、經濟等各方面的專家學者，如果是在西方科技環境中成長者，多少也對宗教抱持信仰的關懷，因為西方的頂尖科學家們，多半雖不一定相信教會中形式的宗教，確也相信神的愛是存在的。在中國國內成長的科學家們，則受傳統儒家思想的潛在影響，多半仍認為宗教不是知識份子所需要的，乃是一般民眾賴以安慰的迷信。

## 三、新時代的知識份子，包括從事各行專業研究，以從事宗教專業研究的學者群：

不論屬於傳統的各大宗教或者屬於新興宗教的追隨信從者，他們不會因為是知識份子就恥於對宗教信仰及宗教的實踐，我在日本及西方社會接觸到的宗教學者，約百分之九十都有他們的宗教信仰，學術性的研究並不影響信仰，虔誠的信仰亦不影響學術的批判性，這也可說就是新時代的傾向。即以當今世界級的研究宗教的學者而言，多半也會熱心於宗教的實踐。

# 宗教的功能及其衍生的社會問題

## 一、宗教具有人類文化的原始性及開創性：

(1)人類的祖先們，對於自然現象的知識奇缺，憑著原始形態的宗教信仰、傳說、巫術等，解答了許多困惑不安的問題，讓他們尚能有希望有安慰和安全感。

(2)由於宗教師就是部落中的領導人，例如神權時代的社會制度、規章律法，都是出於天啟神示，其實也正是那些宗教師在祈禱冥想中所激發出來的智慧，變成文字言語，就成了原始宗教的聖典。人類的文明，例如文字、禮儀、服飾、音樂、雕刻、繪畫，多半也是藉著宗教的活動而產生出來的。

(3)人類的思想是從人際關係的互動，以及與自然關係的適應中開創出來，原始宗教只提供信仰，不負責解釋。後來由於民智開放，便為信仰的基礎，提供了思想的、邏輯的合理性，那就是哲學的誕生，由哲學提供了理念的依據，便又開創了科學的領域，故有人說：哲學是科學之母，宗教是哲學之母。

## 二、宗教造成的問題是人對於神的過分依賴及運用

(1)原始形態的宗教信仰是自然神及祖神的崇拜，自然神的崇拜，形成多神信仰，祖神的崇拜，形成唯一神信仰。

(2)多神信仰，轉化為民間信仰，即是自然物的精靈、人物的英靈，形成巫術、啟靈、神籤、牽亡、禁忌等。依賴過度之後，便成為淫祀的鋪張浪

費，也易成為只有求神酬神，不作人智的開發，有了病疫，不從醫療衛生著手，光去求神媚神，所以「信巫不信醫」。發生了天災人禍，不去盡人事求改善，光去向神靈祈求許願。為了經營事業乃至出門行方，不去考查研究、詳細計畫、預作評估，光去向神求指示、乞賜好運。乃至為了搬家、開業、婚嫁、子嗣，都不考慮主客觀的條件因素，光憑祈禱神祐祖蔭，求夢示、求靈籤、求靈異，這些對於人類社會都不是健康的現象，現代的知識份子，應當予以關懷和疏導。

(3)一神信仰，的確要比多神信仰單純得多，許多民間信仰的迷信行為，均會受到一神信仰的過濾而消失，或者變成隱伏性的宗教行為。但是一神信仰，源出於部落民族的祖神崇拜，祖神有其民族及種族的侷限性，各族群間均有自己的原始祖神為保護神，結果就可能在自族與他族發生衝突時，各自的祖神都站在保護自族的立場，因此而產生以自族的祖神對抗外邦人的魔神，引申成為民族主義的排他性的戰爭。除非這種一神信仰的神，被認定為既愛護自族也愛護敵人的博愛之神；既愛護善良者也愛護犯罪者的寬容之神，否則一神信仰構成的危險性，是主導對外戰爭的原動力，也具有征服異端的使命感所形成的侵略性。世界史上，從古到今，許多族群之間的大小戰爭，豈不就是奉了神諭神旨，或在為神、為愛、為公義而戰的口號下所發動的聖戰嗎？這也是現代知識份子必須以道德的勇氣來呼籲糾正的。

## 宗教信仰是基於感性，但也需要理性的指導

### 一、宗教信仰及宗教行為，基本上是屬於感性的：

(1)人性之中，雖有理性的要求，卻無可避免各人的內心世界是偏向於感性的。因為沒有一個人能有百分之百的自知之明，也沒有一個人能有百分之百的自主能力。命運順利時，好像自我能夠主控一切而自信滿滿，命運逆轉時，就有心不由己、身不由己的無奈感了。人在一生之中都能全程順利的，實在太少。載浮載沉而能於傷痕累累中，尚保持堅強意志而百折不撓

的人當然有，但是不多。所以不須仰賴宗教信仰的慰撫者，絕不是人口之中的大多數。因此宗教信仰不一定跟所受的教育程度成正比，許多硬漢的知識份子，突然成了某宗教的信徒，不足為奇，沒有必要問他們為了什麼，就是因為當時他需要宗教，正好某一個宗教人士和他們接觸而讓他獲得了安定感、安全感、安慰感。那個宗教也不一定要有多麼傑出，只是好像在他口渴時適當地給他提供了一杯普通的飲料。所以也請不要以為知識份子信了某一宗教，甚至是某一個新宗教而覺得奇怪！

(2) 宗教信仰基本上是主觀的而非客觀的：

原則上，宗教都是主觀的、感性的產物，如人飲水，冷暖自知。哲學在基本上也屬於主觀，但哲學家們都認為，是由於客觀世界，引發出他們的理念世界。他們的理念世界，才是最具真實的、客觀的存在。其實只是主觀性的客觀化，其本身依舊是主觀的。

宗教所信仰的對象，不論是人、是物、是抽象的神，或是神秘經驗的身心反應，雖然有其大同小異的共通性，但也必定由於人類各自的身心環境及其文化背景的共通性而形成的。事實上都不能脫出主觀性的條件因素，這應該是知識份子們當知的宗教現象之本質。

若以宗教立場的宗教學者，來看宗教現象及其宗教所信仰的對象，雖然也以主觀的因素為基礎，卻也不能完全否定客觀宗教因素的事實，例如東西方各宗教都傳有神異事件、神蹟靈驗的文獻記載，佛教所稱的六種神通，絕對不能說它僅是個人的內心現象，真的曾被許多人親眼目睹，共同經驗。此在各大宗教的聖書聖典中都有記載，在宗教史傳中有許多資料，乃至像《古今圖書集成》這樣的大套書中，也列有「神異」類的許多著作，所以絕對不可把客觀的宗教現象，一概斥為無稽之談。不論是誰，只要遇上了一兩次靈異的經驗，縱然口頭依舊堅持不信，也不得不在內心裡偷偷地相信了。尤其是在自己的親人之間，發生了心靈的互動，或者跟已經過世的親友之間，發生了使你不得不信的靈應事蹟時，你就不會不信人類除了肉體之外，的確尚有精神體的所謂靈體現象的存在。對於這個問題，知識份子的責任是應當信其是有，但卻不應信其可靠，凡遇事，仍應盡其人力，勿光靠天賜神佑。否定神異是武斷，迷於神異是愚癡。

(3) 宗教信仰與倫理道德有其相關性，但非必然性：

基本上說，宗教信仰都不會違背善良風俗及倫理道德，其實應該是鼓勵倫理道德的，否則這種宗教便不能被任何一個社會所接受，所以在中國有儒家的倫理觀念維繫著社會的道德和善良的民風，在西方是以基督教的十誡及神愛世人的原則為倫理基礎，伊斯蘭教亦有其道德標準，是以可蘭經為指導原則。佛教則以五戒十善為人間的倫理依據。但是，宗教若缺少包容性，而光強調靈驗的保護性，便會把道德的尺寸縮小到只有與同一教派信徒之間的關係，凡是非同一性質同一教派的其他人，都會被置於道德的保護之外。更嚴重的是，若此宗教為了保護自己、擴張自己而受到阻力之時，便會以極端的手段來征服異端，而造成攻擊性及破壞性的行為，他們甚至可以為了拯救人類而屠殺人類，為了拯救世界而毀滅世界。

另有一類宗教現象，也可以就是一般的民間信仰，人們為了達成自私自利的某項目的，便去求神、媚神、郁神，並不考慮他們的目的跟道德有何關聯，甚至即使明知是不道德的，是違背因果的，他們也照常去拜去求。因此，現代的知識份子，應該關心類似的宗教的品質及宗教現象，使得一切的宗教行為，均宜在人間道德的尺度內活動，否則就不足以成為一個現代文明社會的宗教。其實，與道德行為不相關聯的宗教信仰，也不一定就是民間信仰的特色，即使傳統性的各大宗教之中，如果沒有教規的約束及國家法律的監督，敗德的教會、劣行的教士及信徒，也是會出現的。相對地說，不信仰任何宗教的人士，未必就是不道德的，如果有其哲學理念及人格修養，一定也會有其道德標準。

## 二、健康的宗教信仰必須具備理性的條件：

(1)宗教行為及宗教現象的產生，雖然是基於感性及主觀的因素，一旦某一個特殊的新宗教師所創建的宗教信仰，有了固定的眾多的信徒之時，就必須著手教規的制定；同時為了滿足信徒們對於宗教行為及其現象和效果的求知欲，便得建立理論的架構。這就是宗教的行為、規約、理論。如果缺少其中的任何一項，這個宗教便注定了不會維持多久的。

(2)宗教的本身，並不會由於傳統的或新興的差別，而應受到人間的差別待遇。現代世界的各大宗教，開創時也都是新興宗教，但在全人類的歷史洪流之中，不知曾有多少萬個新宗教產生，不久便又消失了。其間雖然也有由於受到既有的老宗教，利用政治勢力的迫害，而使得新宗教沒有了生存的空間。可是現有的各大宗教，在歷史上，都曾遭遇過再三再四的迫害，仍能屢仆屢起，其中必有原因。而許多另外的新宗教，一受到考驗就在人間的舞台上再也站不起來了。原因在於新的宗教無法在理論依據方面，開出更美的智慧之花，甚至僅僅在宗教行為上有其新興的功能，在宗教理論方面，只能摭拾傳統宗教的若干部分，七拼八湊，作為他們的理論架構，結果在不久之後，他們的宗教功能，很快地被傳統宗教所吸收運用發揮，他們的宗教理論又禁不起獨立思考的批判，故在創教者過世之後，這些新宗教的命運就可以想像了。縱然繼續流傳，其空間也一定有限。當然，若站在人類文化史的立場以及宗教學者的立場來看，能有比傳統各大宗教更受世人喜愛的宗教出現，應該是人類的大福報、大福音。

(3)宗教的信仰是屬於各人的內心生活及其自我的主觀經驗，未來一定要在理論的邏輯思考上給予什麼註解。但當某一宗教信仰已成為許多人共同接受的事實時，理性化的要求便自然發生，否則只能是一般的民間宗教，而不會成為一個有倫理架構的高級宗教。新興宗教及民間宗教，若能依附儒釋道耶回諸家的倫理觀念，尚能流傳若干年代，也沒有什麼不好，只是沒有深度。若是僅有宗教行為及宗教現象，既無理論架構又沒有倫理原則的話，便會失去道德的準繩，所以就有許多不良份子利用這些宗教而行騙作惡，被稱為神棍。今日的知識份子亦宜關心新興宗教及民間信仰，好讓他們在感性方面求得安慰之時，亦有理性的觀點給予調和，庶幾不致造成信仰宗教的人士，反而被他們所信仰的宗教傷害了。

## 宗教的智慧寶藏須待知識份子來開採

### 一、東西方的知識份子，多數會留心宗教：

(1)西方的哲學家們，不論他們對於宗教所持的態度如何，多多少少都會討論宗教問題，因為宗教跟西洋文化史及哲學史，無法分割得開。直到現代為止，各著名的大學之中，若無神學院，便設宗教系。在宗教系中主要會設東方宗教組，開設佛教、道教、伊斯蘭教的課程。

(2)在東方亞洲地區的日本，第二次世界大戰以後，光是研究佛教的博士論文，已超過一千部書，除了私立的宗教關係大學設有佛學院或禪學院，各主要的國立大學也開有佛教學的博碩士課程。韓國、泰國、斯里蘭卡、越南等國家，也都在大學中設立佛教研究學系及所。故於世界各國的學術領域中，宗教學是不會缺席的。

(3)今日的中國大陸，雖是以社會主義唯物史觀作為學術研究的指導原則，但是北京以及各省的社會科學院，均設有宗教研究的部門，分成佛教、伊斯蘭教、基督教、道教等組別，各有數位專家，甚至派遣年輕的優秀學者，赴國外留學宗教。北京大學、人民大學、南京大學等，也均有幾位研究宗教的學者。這些學者們不是宗教的信徒，卻對於宗教這門學問，付出相當多的心血。

(4)中華民國的台灣一地，雖有若干學府，例如台大、文大、政大、輔大、東吳、中興、淡江等各校，也開設宗教學的研究課程或宗教系所，但尚未能形成普遍的關懷之風，國際水準的宗教學術成果，為數亦不多，以致島內的宗教問題及混亂的宗教現象，也少有專家學者，站在知識份子良心勇氣和專業客觀的立場，來給予匡正及疏導。

**二、宗教不僅能為社會提供智慧，也為哲學、文學、藝術等領域提供了智慧：**

(1)凡是歷史悠久的宗教，無不擁有豐富的文化資產，可以為各種社會及人文科學的研究，提供源源不絕的題材，使得知識份子們從更深層的角度，激發出新的智慧之花。

(2)已故的幾位大學問家，包括胡適之、錢穆、唐君毅、方東美、牟宗三等，都曾浸潤於佛教的典籍；偉大的畫家張大千，也曾獲益於佛教的敦煌壁畫。武俠小說的偉大作家金庸，不僅飽讀佛教書，他根本就是一位佛教徒。

(3)因為我是佛教徒，以我所知的佛教，它在具備各個層面的宗教功能之外，尚有異於一般的各大宗教之處，至少有兩大特長，可為人類社會提供智慧，增長智慧：

1.通過各種經典及論書的研究可以使你觸類旁通，開創出嶄新的學術境界。

2.通過佛教的修道方法之實習，以道德生活為基礎，以禪定經驗作橋樑，可以使你在超越於主客觀的對立意識後，大開智慧之門。

三、從學術的層面而言，中國人在接觸到現代化的西方文化思想之後，中國的知識份子，若能將東方宗教中的佛教哲學，與之接合，下一番融會東西方的工夫，是最夠資格來為二十一世紀的新世界，提供新思想新契機的。且讓我們拭目以待吧！

# 10 知識份子

## 建立一個負責細緻的政治文化

南方朔

台大森林系、森林研究所碩士，曾任《新新聞週刊》發行人兼總主筆。長期從事文化評論，著作豐富，包括有《語言是我們的居所》、《世紀末抒情》、《有光的所在》、《給自己一首詩》、《語言書是我們的星圖》等數十種。

在西方眾多思想家中，我最崇拜聖．奧古斯丁。長久以來，我花了許多時間閱讀他的書，我很喜歡他的「原罪」概念。這「原罪」不僅僅限於人們習知的，一般宗教上的意義，而是指對人的不完美性知所敬畏的觀念。

在思考「東方跟西方最大的不同在哪裡」這個課題時，我覺得文藝復興以來，西方的思想中深沉的宗教感，是東方人缺乏的。宗教感跟信奉什麼宗教無關，而是一個人對宇宙、世界，有一種敬畏之心。在這種傳統下，西方人對自我的缺陷、不完美，有著深刻的體會，於是發展出謙卑的自我反省，有了反省，才有進步、才有文明。相較之下，東方傾向將一切道德化，自我極大化，覺得官大學問大、自己都是對的。東方的思想就是缺少了西方那樣的要素，所以東方沒有哪個國家的現代化是順順暢暢的，幾乎都充滿衝突、墮落、腐化。這個觀念可以說是今天題目的核心，東方缺少對自我不完美的認知，於是社會、文化的發展都易於出現很大的問題。

## 東方護短文化與權力的任意性

西方從十七、八世紀，包括洛克、孟德斯鳩等許多學者都談過東方，範圍涵蓋中國、日本，以及許多中東國家，搞理論的人稱為「東方主義」。這些思想家對東方的觀點，有的有偏見，有的卻觸碰到問題的核心。譬如說他們認為東方人有很特殊的「分殊性價值觀」。東方人價值觀規模的發展，是以家庭、氏族為出發點，雖然在面對野蠻、異族侵略、天災時，有很強的凝聚力，要活下去的意志也很堅強，東方人的殘存能力可能是人類史上最強的，就算是面臨帝國主義的洋槍大砲，還是可以苟全，說難聽一點，東方人有著「蟑螂性格」。可是就因為以家庭、家族為價值規模的出發點，所以會缺少普遍性，自己人做錯事是有道理的，別人做錯了就極盡批評之能事，百般挑剔。用分殊價值處世，就一定會有雙重標準，雙重標準又勢必會發展成護短文化，這在台灣也相當嚴重。

又因為我們沒有普遍性的價值來對待自己、要求別人，所以我們的政治也就會變成獨特的東方式的專制政治，這種體制下，權力的行使是沒有標準的，又可稱為「權力的任意性」。孟德斯鳩曾說，這樣的國家可能有偉大、高雅、細膩的宮廷文化，可是絕對不會出現有尊嚴的個人。如此一來，東方人也就能沒有尊嚴地苟全性命，非常機會主義，也很會看臉色，看誰得勢，大家就支持；一旦失勢，說倒戈就倒戈，所以我們常說「民意如流水」或「西瓜靠大邊」。這些權力的任意性、機會主義、看臉色，苟全觀在東方社會是很典型的，雖然我們對這樣的剖析會覺得挫折、憤怒或不以為然，可是我認為東方社會真的有這種獨特的政治現象、歷史傳統與文化因素。

這種沒有尊嚴的存在，以及缺乏普遍性價值觀的種族，可以忍受壓迫，可以被奴役，可是有朝一日富裕了、自由民主了，卻一點都不知道如何成為主人。過去十年來，台灣一切的惡形惡狀、囂張跋扈、自我膨脹、社會倒錯的現象，都源於台灣人不會當主人。

在屈辱的時代，人當然會有憤怒，可是憤怒可以分為兩種，一種是以嫉妒為出發點，這種憤怒不會讓人思考、反省，只想「取而代之」，所以一旦令人憤怒的對象消失，我們的所作所為就會和以前令人憤怒的人的行為一模一樣，重覆同樣的錯誤；另外一種是以願景為出發點，這種憤怒有一種更好、更光明的遠景，有一天當自己有機會改變現狀時，必定不會犯同一種錯誤，這是西方人的憤怒觀。早年笛卡兒為人類的奢侈而憤怒時，他就想到，有一天他有能力奢侈時，他也不要，因為他反對的是奢侈的價值觀。所以儘管西方中古後期雖仍有奢侈的習氣，但已隨著社會的演進，逐步地改善了。從這裡就可以看出來一種文化有沒有反省能力了。

## 東方政治的七種特徵

政治是一種思想，它受制於我們生長過程中被灌輸的價值判斷而自成一個文化系統，這系統又會影響政治判斷、形成政治認知，所以任何政治形態的表現，背後都有文化因素。我在分析解嚴之後台灣自由民主的表現時，仿照西方宗教中七項罪惡，歸納出七個特徵。

**第一，粗魯**。我們的政治語言、思想、態度、手段、行為，都粗魯得不得了。國會動不動就打架、罵街，連相互尊重這種基本的、民主自由文化應有的價值觀都沒有。反觀西方，任何人只要一當上國會議員，就會有成為上流社會紳士的尊嚴感，這是一種強烈，甚至可以說是強制的傳統，雖然有時拘謹、不自然，不過做作中潛藏的是「紳士」的自我要求，這在東方是沒有的。昔日，英國首相派勒頓在國會中說：「我們是這邊的紳士，視反對黨的各位為另一邊的紳士，相互以紳士的態度來對待。」他的這段話怎能使我們不羞愧！

**第二，賴皮**。東方人只要一成為政治人物，似乎就不會犯錯，我們的政治文化是不認錯的。如果真有錯，政治人物就賴皮，把事情扯成陰謀理論，馬上將是非對錯的問題轉換成立場問題，基於立場，原本支持他的群眾仍舊會繼續支持下去，這策略也許不利於自我成長，可是絕不會失去群眾。也就是因為一般民眾、甚至知識份子都傾向於以立場，而非普遍價值來判斷事物，我們社會也就培養了一流的賴皮政客，這樣的政治怎麼進步，價值標準怎麼提昇？

**第三，推拖**。西方的民主政治是由一連串的「r」組成的細膩政治。任何一件事情發生後，學者、民眾或國外一定會有所反應（response），我們要對這些反應再做出反應，從一連串的反應中調整、修正，民主政治才能運作，所以民主政治是由 response、responsible、responsive、responsibility 等等一大串「r」開頭的字組成的。不過東方政治即使缺少了這些，也是混得過去的，尤其在這媒體發達的時代。大眾媒體有兩面性，一是加速反應，使各個層面互動快速；但也利於不負責任、沒有反應的、推託的政治的形成。過去十年台灣有太多的情形是：一件事件發生後，大家一窩蜂地喧鬧、責罵，過了幾天，報紙將事件撤出頭條，民眾就全然忘記那回事。因此，一發生問題，台灣的政治人物就會推託、沒有反應、不想負責，等到新聞熱度一退，就安然度過難關，這是台灣社會很大的特色。

**第四，貪慾的表面化**。早年台灣社會雖然專制，可是有一種被威權壓抑的、文化制約的自我節制，也可以說是低度發展的廉恥之心。可是隨著社會的進步，許多以前的禁忌問題搶到了發言權，人的慾望漸漸可以搬上台面討論。權力、金錢、色情、黑道都可以公開，一點也不忌諱，即使少數人批評，也沒什麼人在意，因為權力比道德、願景、理想來得重要。在這慾望取得了合法性和自我極大化的時代，廉恥之心已徹底瓦解。

**第五，權力的傲慢**。過去十年中「官大學問大」的情形極度擴張，有權力的人對沒有權力的頤指氣使，囂張得不得了。西方則截然不同，華盛頓在任滿之後發表了離職演說，這真的是一篇千古文章，裡面的最後一段大概是說，他做了這麼多年總統，一直盡力要把事情做好，可是因為能力不足，可能做了許多錯事，但這都不是他的本意，而是能力問題，他相信上帝會同情並原諒他。很難相信一位國父會說這樣的話。他們相信自己的能力不夠，自我反省使他們謙卑自抑，也就沒有了權力的傲慢。

**第六，仇恨的政治學**。一位耶魯大學教授彼得•蓋（Peter Gay）寫的《恨的收割》（Cultivation of Hatred）一書裡說到，任何一個社會在學習作主人的時候，最先出頭的一定是煽動家，因為他們會利用歷史的殘餘，鼓動人與人的糾葛，使人們亢奮，作為登上權力金字塔的進階。這種政治很廉價、粗魯，可是在民主政治初期，都一定會發生。恨的政治學讓人亢奮，卻不讓人感動或思考，只會將社會向後拉，台灣到現在卻仍有人試圖鼓動仇恨。

**第七，敗壞**。由近年來媒體的報導可以知道，台灣的政治人物沒有什麼人崇拜林肯、華盛頓、邱吉爾，幾乎都崇拜玩弄權謀的德川家康。這顯示社會的價值判斷有問題，政治已被化約成一種權謀、意志、成功，而非價值的體現。當這些成了政治的標準，政治就日益無所不為及不可為。其實，政治應該靠感動形成提昇人的力量，進而成為一種傳統。中古時代的西方，是比東方來得落後、野蠻的，可是近代民主政治的初期，出現了許許多多卓越的政治家，立下了令人感動的典範，由於感動的因素不斷出現，人就因感動而超越，建立了政治傳統。超越、昇華（sublime、sublimation）是十八世紀西方思想家、哲學家、政治家不斷使用的語言，這種昇華使人從心理上改造自己，透過自我改造，才出現一種比較斯文、文明的文化。

## 文明的進步是良心化的過程

這樣的政治混亂之下，整個台灣都被壞的文化因素或政治表象所糾纏，我們看到了惡，又等不到善，既恨自己無能為力，又恨社會一場糊塗，無可奈何之下，只好用嘲諷的心態來面對，整個社會遂變得犬儒、嘲諷、尖酸刻薄，這是一種「否定性的啟蒙」。最糟糕的是，我們的知識份子也參與其中。西方的知識份子，每一個大文學家，也都是當代的大政論家、大批判家。寫《失樂園》的密爾頓、寫《魯賓遜漂流記》的狄弗，他們本業是寫政論的，而且寫得犀利極了。這種有為有守、為民前鋒、不譁眾取寵、有獨特的使命感、關心道德、公共問題以及文化的大格局知識份子在台灣是沒有的。這又牽扯到我們的學院文化，西方對每一個行業的思想史的訓練都很嚴格，可是東方的教育不重視抽象思考的能力，因為不關心思想問題，所以我們對自身的問題沒有反省能力。

西方十四到十六世紀比中國落後得多，它們的現代化至今也沒有多久。可是有一些進步的軌跡是很清晰的，主要就是對自己的不完美認知。一位德國思想家伊利亞斯的學說值得我們去思考，他認為人類文明的進步，是良心化的過程，也就是我們心靈中有一些絕對的價值觀作為行事準則，這些價值會展現在兩方面，一是對別人遭遇的不安（embarrassment），也就是我們看到別人遭受某種對待時，自己會不安、不自在；二是對自我的羞恥，做一件以前做了後覺得無所謂的事，現在卻感到丟臉極了。羞恥和不安是社會進步的動力，這兩個標準越提高，社會就越文明。以法律為例，西方到了十七世紀後期，當權者還是可以隨意抓人、刑求，也仍存在著公開五馬分屍、開膛剖肚的刑罰，到十八世紀初期，西方人對這些開始不自在（不安、羞恥），於是他們開始制定對一切事物明文化的法律，西方今天的「罪刑法定主義」在十八世紀末開始形成。相較於西方對法律的嚴謹，東方一直是泛道德思考，一個所謂的壞人被抓了，大家就高興，我們並未將法律思考，變成一種法律程序思考，所以東方一直沒有法治的精神。像掃黑、掃環保流氓，這在西方十八世紀後就原則上已被非法化了，因為流氓不是法律名詞，是道德名詞，不能因為我們討厭某一種人的社會角色，或者他們嚼檳榔、走路橫著走，就把他們抓去關，而應該蒐集犯罪證據，再加以審判。這種認知在西方早就靠著思想建立起來了。

## 尊重、體貼、關心創造細緻的政治

西方人常說 "You are very considerate"，就是「你真體貼」，considerate 是一個有趣的字，我為它寫了好幾篇文章。西方人的羞恥、不安，使他們顧慮到別人的感受、尊重別人的感覺，人與人的關係也就因此而變得細膩。十七到十九世紀，整個西方建造的是社會的合理與均衡，將一切公共事務納入可以管理、計算、平衡的範圍內，當這種社會制度建立起來後，權力的濫用就會消失，這是一種穩定的社會建構。一九六〇年代，西方的社會又經歷了一次大躍升，新的年輕人開始為少數人發言，一直被忽略、更細膩的東西出現在人類的舞臺。以前他們打造的是「三分之二的政治」，適合三分之二、絕大多數人口自由自在生活的合理社會，一九六〇年後「三分之一的社會」開始出現，更加尊重、關心、體貼那三分之一的弱勢、被壓制的少數。八到十年前，德國出現了新納粹，壓迫在德國的黑人、阿拉伯人、巴基斯坦人。可是有一天晚上，法蘭克福的老百姓，每人手持蠟燭出來遊行，反對新納粹運動，支持在法蘭克福生存的少數族群人口。一個文化要發展到一定程度，主流的人才會體貼並主動站出來支持弱勢，德意志民族經過納粹的洗禮後變得很了不起，戰後德國的宗教、學術團體、各種社團，都不斷地道歉，他們體會到一個社會出現巨大的錯誤，沒有人是無辜的，所以當時德國沒有人出來保護猶太人，每一個人都有責任。假如社會的每一種人做每一件事都可以關心、體貼、考慮他人，社會必然和諧。

## 台灣社會需要再一次的啟蒙

台灣社會需要再一次的啟蒙，目前老一代知識份子的時代已經過去，新的知識份子還沒有出現，一個社會如果沒有新的知識份子作為凝聚力時，社會是沒有願景、沒有動員性的。十年來的混亂已經告訴我們社會的病、歷史盲點出現在哪裡，現在要用更高的標準來看待各種現象，我們應該用西方更具歷史觀點的眼光來分析問題，西方走過的路是最好的指標。另一方面，我們對普遍的價值要更堅持，這要靠教育制度來建立，教育絕不是技術性的工作，它是改進人的品質的過程，透過教育，是可以培養出更優秀的人種。

此外，我們必須急速地建立宗教感，對宇宙價值、人類的未來等等長遠的事物有所敬畏、有所堅持，以這為基礎，人類的思考才可以比較深厚。這種宗教感西方在宗教改革後就已建立起來，可是我們的關切還停留在直接、具象、價值層次較低的事物上。我覺得我們對宗教的思考應該更價值化、抽象化、形而上化，只有透過教育、自我反省、及宗教感，才會出現更高的歷史使命感與良心層次。當這些達成之後，一個現代化、有反應、肯負責任、合理的政治，才有可能出現。

# 11 知識份子

## 知識份子：進步觀念的播種者

**高希均**

美國密西根州立大學經濟學博士，曾於美國威斯康辛大學（河城校區）執教逾三十年。並獲該校名譽教授與威州州長傑出服務獎。《天下》、《遠見》雜誌與「天下文化出版公司」創辦人，現為「天下遠見文化事業群」總裁。學養豐富，著作等身，包括有《八個觀念改善台灣》、《反冷漠的知識人》、《一流書，一流人、一流社會》、《經濟學的新世界》、《知識經濟的迷思與省思》等書數十種。

## 弔詭的年代

大家都說這是一個弔詭的年代，「弔詭」的意思是矛盾且令人迷惑的。當前台灣社會的不協調，可以從幾個方面來說：

**第一，「進步中的墮落」**。台灣的國民所得超過一萬三千美金，當然很進步，可是進步中的墮落，反映在社會的不公平上。報章上報導，政府高層檢討近半年來金融風暴層出不窮，認為癥結出在八年前開放了銀行民營，太多新銀行的成立帶來惡性競爭，使得獲利下降。解決的辦法是將銀行營利事業稅下降，使它們多賺一點錢。今天銀行業動輒虧空六十億，甚至百億，連資本額都賠光了，解決的方法絕不是紓困，提出的理由更是似是而非，該倒閉的就讓它倒閉，才符合基本的經濟原則，也合乎我廿多年來一直提倡的「天下沒有白吃的午餐」。政府對特定的銀行、財團或商界人士予以紓困，或將特定的稅收任意下降，不僅違反了市場經濟的基本原則，也讓老百姓共同負擔代價，是不公平的。

**第二，「人才不少，有風骨的卻少」**。國民年金的問題是個很好的例子，一

的人文之
分子的社會
講
聯合報副刊
文化事業有
'89 3

個現代社會當然需要國民年金，可是一位財政官員，在答覆立委時堅定地說，國民年金明年一定要辦，但是不是基於政治考量，同時也還不知道如何籌足經費。這席話乍聽之下很偉大，可是卻是倒果為因。一個真正進步社會的財經官員應該說：第一，為了政治的理由，我們要辦國民年金。政府本來就要滿足老百姓需求，如果不去滿足，執政黨就會丟票，不能執政，這當然是政治理由。第二，當然要告訴人民這錢從哪裡來，因為那是人民的錢。我們社會的弔詭是想做官的太多，真正有政務官擔當的太少。

**第三，「民主中的威權」**。台灣當然是一個民主的社會，有許多管道可以暢所欲言，表達各種意見，可是民主中卻有威權。拿經濟的例子來說，舊曆年前，行政院請了一百廿位政府官員、專家學者、企業代表，開了一天半的會，會中達成一個幾乎無異議的強烈共識，就是反對調降或廢除證交稅。台灣有很多金融專家都發揮了知識份子的責任，在報章上寫了許多深入淺出的文章，其中一個最基本的結論，就是根據世界各國的實質研究，調降證交稅，不可能使股票上升，兩者之間沒有必然關係。可是這個共識，過年後就被推翻，那麼多專家學者的意見，只要一、二個人就可以改變，這就是民主中的威權。

**第四，「知識普及，知識份子難求」**。這裡的知識份子是指除了專業之外，也關心社會發展、國家命運、百姓福祉，有高度的社會參與。我們對知識份子的期望是「信其所言、言其所信」，不為了商業或自身的利益隨波逐流、見風轉舵。在經濟學界，有風骨的知識份子還是有，例如資深的中研院院士邢慕寰，和曾任中華經濟研究院院長、同樣是中研院院士的于宗先，他們許多對經濟的基本觀點，數十年始終如一。可是法學界、傳播學界、政治學界，有這樣堅持的就較少了。

## 不同階段知識份子要擔任不同的角色

一個國家隨著時空環境不同，知識份子所扮演的角色，也會隨之改變。如果今天國民所得不到兩千美金，國家最需要的是「經濟人」（economic man），他們強調創造財富、充分就業、自我享受；提倡增加效率、提高國民所得、創造就業機會。所以經濟人在所得很低的社會，應該扮演一個積極的角色。一九六〇、七〇年代，經濟學家在台灣社會就很受重視。

當國家富裕，國民所得提高後，社會會冒出一些「社會人」（social man），他們強調公平、分享、生活品質、社會福利。一九八〇年左右時，我常寫文章表示，中華民國自認是一個三民主義的國家，可是我們的社會措施，絕對趕不上資本主義掛帥的美國，雖然資本主義被認為是資本家剝削勞工、有錢人剝削窮人，可是美國社會從一九三〇年後就有最低工資、婦女保障、失業保險、年金制度。年金制度台灣明年才要實施、失業保險尚未推動。社會福利措施不健全的基本原因有兩個：其一，當一個國家所得不高時，稅收也不高，就不會有能力做出許多照顧老百姓的事；其二，當一個國家所得提高時，社會人的聲音會越來越大，可以產生絕大的壓力，透過立法、選舉，要求行政部門實施更多照顧老百姓的措施。

一九九九年的台灣已有經濟人、社會人，現在需要的是「文化人」。最近我聽到一個人文與科學交流的消息，十分高興。一些科技導向的學校像成大、中央大學，先後邀請著名小說家黃春明去當駐校作家；同樣我也希望以人文教育為主的大學，可以請一些科學家去駐校，灌輸科學觀念。

我曾經在師大博士班開過一門課叫「教育經濟學」，研究世界教育支出資料後得到一個結論，那就是沒有任何國家，因為花太多錢在教育上而導致破產，可是有一些國家花在軍事的錢太多而使財政破產。我跟行政院蕭院長是多年朋友，一次聊天中，他問我有什麼建議，我說多增加一、兩百億的教育預算，比什麼都重要。

經濟人若缺乏溫暖的心，會變成經濟動物；社會人缺少冷靜的腦，會變成社會盲流、激進分子；文化人若沒有群眾認同，就是一隻文化孤雁；做到了上述三點，在台灣，還要有具備世界觀的「天下人」。自己稱「地球村民」（Global Villager），如果缺少這種宏大的格局與視野，就是井底之蛙了。

## 值得傳播的進步觀念

寫了廿多年帶著批判色彩的文章（包括在威權時代），覺得進步的觀念所發生的影響，也許有，但不如想像中大。在我的定義中，進步的觀念一定要具備三個要素：一、經濟效率；二、社會公平；三、生活品質。

在世界經濟學界，仍健在的經濟學家中，曾經獲得諾貝爾獎的猶太裔芝加哥大學退休教授 Milton Friedman，是我最被佩服的學者之一。一九六〇年代，他在台拉維夫發表演講，聽眾要求他以一兩句話囊括他的經濟理論時，他說他一生的理論精粹就是"There is no such a thing as free lunch."也就是「天下沒有白吃的午餐」。廿年前，我以此為題，寫了一篇文章發表在《聯合報》上。這麼多年來，我常在想，有沒有什麼更新的觀念可以介紹到台灣來，我覺得就是「決策錯誤比貪污更可怕」。拿軍事預算的例子來說，今年編訂三千六百五十六億，所以要這麼多，當然不是我們要侵略，而是因為海峽對岸可能以武力犯台。如果我們的決策是一味地買武器，可能六、七千億都不夠，但是如果可以靠外交的手段，與大陸取得一定程度的協定、諒解，讓關係更和諧，就可以將三千六百億省下幾百億，省下的一部分送給大陸發展教育、農業，另外大部分可用來發展台灣的科技、教育等。從這例子反映出方向對不對、決策正不正確，都是很關鍵的問題。

## 機會成本

這又與我今天要說的另一個主題「機會成本」（opportunity cost）相關，它提醒我們每一件事情都要付出代價。當年我們都希望總統可以有「康乃爾之行」，可是誰也沒料到這會帶來中共的「飛彈演習」，於是我們必須增加龐大的國防支出；中共那樣的動作，當然也付出了絕大的代價，就是加深兩岸的敵對以及國際的疑懼，這些都是機會成本。如果兩岸可以減低敵對意識，當然可以降低雙方軍事上的支出。廿年前，我說「天下沒有白吃的午餐」，今天我要說「誰敢不理會機會成本」。

今年元旦起，歐元開始發行，我覺得這是美國投原子彈到日本以後的本世紀另一件大事。歐洲最強的三大國：英、法、德，其語言、種族、宗教、歷史都不同，經歷了兩次世界大戰，又有強烈的國家主義，居然可以放棄民族驕傲，建立一個新歐洲，完全為人民福祉著想。反觀台灣，最令人難堪的是，在沒有人會攻打我們的時候，花了三千六百億，防著同文同種的中國大陸。我做一個簡單的計算給諸位聽，邀請一位傑出的國外教授到台灣一年，假定是一千萬台幣，邀請兩百位只要廿億，今天從三千六百億軍事預算中拿廿億出來，就可以請兩百位世界頂尖的科學家到各大學授課，這長遠的效果是不得了的。美國艾森豪總統是軍人出身，他就深切體會到花在武器上的浪費（或者說機會成本），是不可低估的，他說得真切：「每一支造好的槍、每一艘下水的戰艦、每一枚發射的火箭，都相當於對那些飢餓、無家可歸者的偷竊，因為窮兵黷武的世界，不僅消耗了錢財、勞動者的汗水和科學家的才智，也消耗了下一代的希望，這絕不是應該有的生活方式。」如果連歐洲都可以在經濟上一統，我不知道台灣和大陸有什麼做不到的。我認為兩岸真正有智慧的決策者，不是花更多的錢買武器，而是從歐洲的創舉中得到啟示。

再說「捐款的額外學生」，這是一個會引起爭議的新觀念。它的構想是，社會上許多有錢人，希望子女進好大學，可是無法如願，現在設想可以透過另一個方法達成，而不使任何人受到傷害，就是向有錢人「招標」。每一個科系可以經過系務會議決定，除了一般聯考錄取的學生外，再招收若干個分數不及標準，卻也在一定成績（該標準也由系務會議決定）之上的額外學生，由系方寫信給家長，請家長決定願意捐出多少錢給系上，再公開開標，由金額高的優先錄取，直到補足事先設定之名額為止。如此一來，系方可能多了幾千萬、甚至上億的捐款，對本來就考上的學生亦無損害。

相信不少人會反對這個觀念，因為我們的教育強調公平，這個「額外學生」的辦法被認為是資本主義的觀念，使得清寒家庭礙於家境，無法競標。但是經濟學說所提升社會福利的一個指標是：一個政策只要有一人受惠，沒有任何人受到傷害，就值得考慮推行。這個構想中，給了本來無法進入理想大學的人一個機會，並不代表他可以畢業，對原本就考取的學生也沒有妨礙，有錢人會十分樂意捐款，系所的設備也得以更完善、圖書也可以增加，非但沒有人受到傷害，還能惠及其他學生。這種類似的方法（透過捐款）在美國，甚至中國大陸都已用過，美國能，我們能嗎？

## 「新台灣人」以及「新GNP」的詮釋

台灣的國民所得已經接近一萬三千美金，在全世界一百八十多個國家中，排名廿五，非常了不起。我們的經濟、民主都很有成就，可是法治與生活品質卻仍欠缺。上週「歐商協會」請我去演講，我求證了一個數字，就是一九九七年香港回歸前，歐洲許多在香港的跨國企業要搬遷總部、分行或區域辦公室，據我瞭解，沒有一家從香港搬到台北來。他們去東京、新加坡都可以理解，有的卻到馬尼拉、曼谷、雅加達，那些較遠的、落後的、不方便的地方。問他們為什麼不遷到台北，那些歐洲企業家說，把公司遷到落後的地方，已經預期治安不佳、交通不暢、生活水準低，可是台灣這個現代社會，國民所得那麼高，卻發現這裡仍然不太進步。幾個簡單的現代化標準都達不到：自來水不能生飲；污水排水道的工程落後；人行道千瘡百孔；許多路牌上只有中文字，連英文都沒有，不用說是德文、法文了。如果將水質、空氣、噪音、交通、公共建設、政府效率、社會福利，一項一項要求下去，不難發現，我們離一個現代化的進步社會還很遙遠。

換個角度來看，如果今天台灣社會真像歐美一般進步，也許知識份子的重要性會慢慢消失，他們所扮演的社會角色，會被非常嚴格的輿論，以及每一個公民對公眾事物的熱烈參與所取代。今天的美國社會不可能邀請十二位知識份子，舉辦十二場「知識份子的社會參與」的討論會，而且還有這麼多熱情的聽眾。中國社會對知識份子有較高的期望，知識份子對自身也有特殊的使命感，就表示社會尚未普遍的現代化與民主化。

追求更高的生活品質，知識份子應當有一些自我要求、自我期許，同時也必須有自我反省的能力，知識份子應該「戒傲、戒憤、戒媚、戒利、戒名」，戒傲才能謙虛，戒憤才能冷靜，不媚上、媚俗才能清白，戒利才能坦然，戒名才能篤實。此外，社會大眾都必須具備溫暖的心、冷靜的腦、群眾認同以及大格局，我們才有資格成為「新台灣人」。新台灣人當然可以有很多種解釋，可是我以為，所謂新台灣人，就是第一，沒有過去的悲情，將狹隘的島嶼性格提升為廣闊的海洋性格；第二，一定熱愛本土，對自我有自信、對他人能包容，只要如此，不管是本省、外省、客家人，都是新台灣人。新台灣人一定是有新的作風，往前看，對這島嶼有理想、有期待，追求共同的願景。

我們念經濟的常說，如果一個國家在經濟成長的過程中，不重視環保的話，GNP（Gross National Product，即「國民生產毛額」）可以說成 Garbage（垃圾）、Noise（噪音）、Pollution（污染），國民生產毛額生產的過程，就是製造垃圾、噪音、污染生產的過程。可是我希望在新台灣人的努力下，構建一個乾乾淨淨的社會，心靈乾淨、決策乾淨，GNP 可以是 Great（好的）、Neat（乾淨的）、Place（地方），我勉強將它翻譯成「人間淨土」。

知識份子最大的挑戰，不是傳授知識，而是堅持傳播進步的觀念。面對風雨，仍然要堅持，即使自己看不到陽光，下一代終有可能看到藍天。

## 12 知識份子

# 從抗爭、對話到願景：台灣知識份子的新體認

**蕭新煌**

美國紐約州立大學社會學碩士、博士。現任中央研究院社會學研究所研究員、台灣大學社會學系教授。曾任中研院亞太研究計劃主持人、總統府國策顧問、總統府政府改造委員會委員、行政院國家永續發展委員會委員等職。學養豐富，著作甚多，包括有《台灣社會文化典範的轉移》、《蕭新煌的台灣觀察筆記》、《好社會》、《新世紀的沈思》等書。

回顧過去廿年來我有機會直接參與或聲援、呼籲不同階段的社會改革運動，我觀察到知識份子在台灣社會改革運動中扮演的角色，經過幾個階段的轉變，所以我訂出這樣的題目——「從抗爭、對話到願景」，也就是從參與抗爭，到進行對話，再提出願景，希望這樣的講題，可以對這一系列的演講作個總結。

## 知識份子本色

知識份子雖然角色有變換，可是有的特質是不能變的：第一，是追求「真」的信念要「一路走來，始終如一」；第二，是對「知識」的執著；第三，是要詮釋我們所處的社會，並提出批判。許多人可能文采十足、知識淵博，可是若不具備批判性，就只能說是學者、文人，而非知識份子。知識份子必須具有一定的教育水平、和知識訓練、有能力詮釋社會、有膽識批判社會，甚至更進一步，有心改變社會。特定領域的專家可以是理論家，他們也能對一個現象提出深入而客觀的解釋；知識份子則不僅如此，他們的思想中不但要有是非，還要有善惡、美

醜，他們不斷地追求更好、更美、更真，對當前始終不滿意，有著求變的心態。回頭看卅年來，對台灣社會、文化、經濟提出意見的「有心人士」，都是知識份子。以前，「有心人士」常被曲解為負面名詞，其實不對，它應該是正面的。沒有心就沒有意見，沒有意見就沒有批判，沒有批判當然就沒有進步了。

## 一九七〇年代「摸索」中的知識份子

在戒嚴時代，台灣知識份子就已經提出一些看法，對當時的社會做出解釋。他們追求、尋找台灣這塊土地的鄉土認同，而他們提出的問題，常圍繞著一個主題——「我們是誰」。文學方面，一九七〇年以前的暢銷小說，幾乎不出反共和懷鄉的範疇，絕少提及台灣的人事地物。直到一九七五年的鄉土文學論戰，才有〈莎喲娜拉．再見〉、〈金水嬸〉這樣的小說出現。當時「鄉土文學」（或稱「社會文學」、「寫實文學」）這名詞，還被批判是左派、工農兵文學，是當時政治上不允許的，這樣的論戰到七〇年代末期終於平息，社會寫實漸成主流。我們可以說一九七〇年以來的台灣鄉土文學透過小說形式反映了相當程度的台灣現實，是文學的本土化運動。戰後一代王禎和、陳映真、黃春明等小說家，也都是當時非常重要的知識份子。音樂方面，七〇年代以前，我們唱的都是英文流行歌，七〇年代的民歌運動，把歌詞、歌曲都簡單化、本土化；八〇年代，不但台灣化的國語流行歌曲普及，閩南語歌也漸漸出頭；九〇年代，客家語、原住民歌曲也開始出現，這種趨勢是肇始於七〇年代的。

舞蹈方面，一九七五年成立「跳自己的舞」的雲門舞集，雲門中《薪傳》這支舞，常讓觀賞的人感動，對理解移民渡過「黑水溝」來台灣這段歷史和生長在台灣的人而言，看《薪傳》和看芭蕾的感覺肯定不一樣。雲門舞集將台灣因素、台灣內涵注入現代舞中，是非常大的發現和發明。此外，學院的知識份子在七〇年代有社會科學及行為科學的本土化運動（當時稱為「中國化」），主要針對學術上過於依賴西方而提出的挑戰，召開了許多研討會。舉例來說，我們對美國都市發展的全部歷史、結構瞭若指掌，卻不知道台灣都市化的狀況；我們也清楚芝加哥的幫派如何運作，卻對台灣的黑道一無所知，以台灣作為主體的扎實研究竟然是這樣的缺乏，真讓社會科學界汗顏，所以七〇年代後期，社會學家們才提出了本土化的論述。

七〇年代文化鄉土認同的運動與七一、七二年台灣的外交挫敗息息相關。因為外交挫敗，知識份子開始思考我們是誰、中華民國是什麼、台灣又是什麼？為什麼我們說自己是怎樣的國家，卻無法在國際上得到認同？一九七〇年代也可以說是摸索的十年，摸索台灣文化主體、和社會本體性的十年。當時「鄉土等於台灣，台灣等於鄉土」是一個非常重要的建構。如果沒有一九七〇年代知識份子與社會結合的集體意識反省、檢討和對鄉土認同的摸索、自我追求，就沒有八〇年代以抗爭作為目標的社會改革運動，所以談八〇年代的抗爭時，不可以忘了七〇年代奠基的知識份子。

## 一九八〇年代「抗爭」中的知識份子

七〇年代的知識份子已經在鼓吹求「變」，但只限於文化，八〇年代就進入社會改革的領域了。當時的知識份子有組織地主導、積極參與或間接聲援、詮釋各種運動。這些社會運動和知識份子所挑戰的對象主要是社會、政治體制。社會方面，知識份子呼籲新的社會人權的概念、凸顯新的社會期待；政治領域上，企圖改變不合理的政治，追求自由化、民主化。「抗爭」一詞也是一九八〇年代流行的，跟「鬥爭」不一樣，它抵抗、也爭取，它要「破」，破除不合理的制度，而且也意含有一個更好的目標，希望可以達成。抗爭的基本精神是和當時的體制不符的；但這些社會運動是希望改變現狀，並非像政黨一樣希望改朝換代。

許多人認為，解嚴（一九八七年七月一日）後才有社會運動，據我的研究，是相反的，許多我們耳熟能詳的第一波社會運動，是先於解嚴的，例如消費者、婦女、反公害自力救濟、學生、生態保育運動和學生運動等。而像反核、司法改革、新聞自主運動；勞工、農民、無住屋者、客家母語運動；教師人權、原住民人權等，則是在解嚴中及之後，才陸續紛紛出現的。換言之，是民間求變的力量促使了政府為了因應而解嚴的。蔣經國先生在一九八六年曾說：「台灣的時代在變、環境在變、潮流在變。」他所指的，絕不只是一九八六年九月廿八日民進黨的「非法」成立，他看到的是蓬勃的民間社會運動力量，主導或參與其中的不是難民、暴民，而是跨越階級、性別的中產階級、知識份子。蔣先生看到了知識份子帶動社會改變，所以才跟《華盛頓郵報》的發行人葛萊姆女士說，台灣要解嚴了。可以這麼說，有了一九八〇年代知識份子的參與和刺激，因此才說服了執政黨改變。

知識份子中有一類「自由派」的知識份子，在民主化的過程中也扮演了相當重要的仲介、溝通的角色。黨外時代政府曾經想鎮壓取締「黨外編聯會」、「黨外公共事務中心」，透過一些學院內，介於黨內、外的知識份子的溝通協調、居中遊說，才讓反對的聲音得以存在。另外一類知識份子則是扮演聲援社會抗爭角色，例如在反污染自力救濟運動中，知識份子並沒有直接介入，但有許多記者發表聲援的報導。當時有很大的爭論，這些環保記者究竟是報導者或是介入者。但我覺得當年那些年輕積極的記者介入是有理的。七〇年代，新聞中只會說：「惡臭」、「民眾不滿」；八〇年代，「公害」、「運動」、「抗爭」這些字眼都出現了，公害求償也被認為合理。農民、勞工運動；兒童、老人、老兵，殘障者福利；新約教會、政治受刑人、外省人返鄉……等等「當事者抗爭運動」，知識份子都有聲援的事跡，可是直接介入者較少。

綜合來說，一九八七年能順利解嚴主要歸功於幾個因素：第一，社會運動已在民間形成一種溫和的求變的力量，衝擊了執政黨。第二，知識份子扮演了仲介、說服的角色。當年的執政黨有能力鎮壓黨外，但若是那樣，台灣民主的進步必然會倒退許多年，這代價顯然是相當高的。執政黨知道與其鎮壓，不如順應，走向自由開放的路。總之，我們可以說，社會改革促成了解嚴，解嚴又帶起了第二波、第三波的社會改革，這兩者互為因果和辯證的關係。一九八〇年代也是關鍵的十年，一共有廿多種新興社會運動發生，堪稱是社會運動的「黃金十年」，令人欣慰的是那十年並不因此混亂，反而呈現「亂中有序」的軌跡。從某個角度看來，知識份子追求自由、爭取平等、倡導自主，並且居間遊說、解說，才避免了政治矛盾、大災難與流血。

## 一九九〇年代「對話」中的知識份子

八〇年代知識份子著力的重點在「破」，著眼是在「我們要什麼」；九〇年代則是「立」，大家開始關心「我們能做什麼」，這是一個超越抗爭，進入對話的年代。台灣的民主漸漸落地生根，越來越多的知識份子投入體制中，進行體制內的改革，他們開始會提出種種政策、意見。這與民主化的進程：從自由化到民主轉型，再到民主鞏固，是相符的，用淺顯的話說，在這個時代裡，人人可以說話、人人也都有權提出自己的意見。

## 未來：知識份子的「願景」

經過七〇年代文化摸索和八〇年代政治民主化、社會改革抗爭，一直到九〇年代，知識份子對國家認同重新塑造；同時很多知識份子也開始自省；我們民主了，也富裕了，下一步該怎麼走呢?我覺得有兩方面，需要知識份子提出他們的願景：

一是針對內部社會；二是兩岸關係。先就第一方面來說，我願意提出七個方向，讓大家思考、辯論，希望可以發起另一種新社會運動，讓社會更好，讓人民安身立命。

**第一，安全**。安全是構成好社會的基本條件，犯罪率降低，破案率提高，才不會造成社會的不安全感。

**第二，福利**。今天對福利很大的爭議點不是「要不要」，而是「要多少」，以及在福利制度中，政府、企業、家庭、個人要分別扮演怎樣的角色。因為沒有清楚界定台灣社會福利的規模和各關鍵團體的責任，所以每次選舉時福利問題都被拿來喊價，這不是很好的現象。

**第三，知識**。今天台灣的資訊、媒體都非常發達，出版界每天出版很多書、專科學校一所所升格為大學，知識卻越來越廉價，這個社會很容易捧紅知識份子，但知識份子應該被尊重，不該被捧紅、販賣、商業化。如何透過人文風範展現對知識的尊重是很重要的，真正的「知」要經過反省，才可能成為「識」。

**第四，效率**。這個社會的效率要提高，但要建立在知識上，而非只是快速，該快的快，該慢的慢。舉例來說，E-mail的流行，讓即使是同一個辦公室的人，大家見面常常只說一句話：「你看電腦了嗎？」我覺得這樣的電子傳輸會改變人的溝通習慣、人際關係，這樣的效率就不必要追求。

**第五，和諧**。台灣社會安全感下降、離婚率增加、非婚生寶寶增加、神壇林立都表現出社會的不和諧。我常覺得我們社會除了便利商店外，可能就屬神壇最多，政治人物對風水的信仰和宗教的崇拜也令人訝異，這都表示社會的不和諧，也是人心不安的反射。

**第六，公平**。作為一個好社會，台灣的公平正義一定要增加，台灣常有大善人大義舉的新聞，大法師發起的賑災募得的錢是不得了，但都停留在對特定的災變、不幸事件，有這樣的義舉固然是好現象。但持續性的公平卻沒人管，若是要為整體社會正義目標募款，恐怕就沒有人會捐款。這表示我們還沒有發展到維護制度性社會公平的觀念。例如我們所得惡化、勞資爭議擴大、男女勞工權參與的不平等，這在在凸顯台灣社會的公平品質還有待改進。

**第七，永續**。永續性指的是「可永續的發展」，我們如何將地理所學得的「台灣是一個海島」，變成我們的生活方式。我們明明是海島人民，卻沒有享受過海島生活，過去幾十年來海岸被戒嚴，現在解嚴了卻成為工業區所在地。我們應有海洋的生活方式和海洋文化、也應該重視海島生態和海島經濟。海島島民不能擁有海島的生活方式，這當然導因於五十年來，政府沒有用海島主體的觀念來經營，只將台灣視為大陸的附屬，今天應該回到海島的地位來經營，海島的永續發展是很重要的。

一個好的社會，一定要保障人民的安全、社會福利要合理、尊重知識、有適當的效率、社會要和諧、有公平的制度和追求海島的永續發展。這七個願景並不是定論，還需要經過集體的辯論和建立共識的過程，尤其需要年輕人來辯論，因為他們才是接棒人，要讓年輕人投入新的社會運動，以建立台灣成為「新好社會」作為目標。

接下來談談「兩岸關係」，這更是今後民間知識份子必須著力的地方。兩岸的關係演變到這個地步是歷史造成的，但兩岸關係應該如何佈局、怎麼走，才對雙方都好，知識份子也應該提出願景。五、六〇年代甚至七〇年代，國民黨一直認為大陸地區是台灣政權所有，想要解救大陸同胞的苦難。一九九〇年代，承認分治的狀態、擺脫「內戰心態」該是舉國上下應該有的共識。當下的要務，是維持至少廿五年的兩岸和平。至於下一步要怎麼做，我認為不需要急著解決，急著用速成的手段，反而可能造成不幸。把問題留給下一代去解決，可能會更好，這絕非推託，也許廿五年後會出現一個超越統、獨的新願景。我不知道兩岸最好的前景是什麼，但是最重要的應是和平。有廿五年的和平，大陸沿海和內陸的經濟、社會發展，都有可能一日千里。因此維持和平地讓中國大陸、台灣、香港、澳門各自發展，廿五年後嶄新的中國和台灣再來談和決定有進一步的結盟與統合；或是繼續維持各自分治、互不隸屬的事實獨立現狀；或是屆時中國民主發展到一成熟地步，對於台灣的「法律獨立」不但不排斥，反而樂見其成，中台成為和平友邦。

以上是我提出的對台灣社會及兩岸的願景，希望台灣知識份子一路走來，從摸索、抗爭、對話到願景，能變得更成熟、更穩健。我預見社會和媒體可以給知識份子更多的空間來做理性的表達、提出更多新的願景，我也希望那些願景有機會成為大家的共識。

## 內文簡介：

本書由行政院文化建設委員會、聯合報副刊、立緒文化事業有限公司聯合主辦的「台灣社會的人文之美——知識份子的社會參與」系列演講編輯而成，集合了台灣當代多位跨越科際領域的知識份子與專家學者，藉由不同主題的深邃追索（如知識份子的歷史性變異及其與政治、經濟、社會、宗教等範域的相互指涉影響），與彼此間多重層面的一一顯映，共同體現了屬於台灣社會的人文精神。《知識份子》一書，是這為期年餘系列講座的記錄彙整，透過語言文字的再現，亦將得以更有系統的觀照出台灣知識份子對自身的社會定位，與終極關懷。

# 立緒文化全書目 - 1

| 序號 | 書名 | 售價 | 訂購 |
|---|---|---|---|
| **政治與社會** | | | |
| A0001 | 民族國家的終結 | 300 | |
| D0070 | 信任：社會德性與經濟繁榮 | 390 | |
| D0039-2 | 大棋盤 | 350 | |
| A0008 | 資本主義的未來 | 350 | |
| A0009-1 | 新太平洋時代 | 300 | |
| A0010 | 中國新霸權 | 230 | |
| CC0047-1 | 群眾運動聖經 | 280 | |
| CC0048 | 族群 | 320 | |
| CC0049 | 王丹訪談 | 250 | |
| D0003-1 | 改變中的全球秩序 | 320 | |
| D0027 | 知識分子與社會 | 280 | |
| D0013 | 台灣社會典範的轉移 | 280 | |
| D0015 | 親愛的總統先生 | 250 | |
| CC0004 | 家庭論 | 450 | |
| CC0019 | 衝突與和解 | 160 | |
| **啟蒙學叢書** | | | |
| B0001-1 | 榮格 | 250 | |
| B0002 | 凱因斯 | 195 | |
| B0003-1 | 女性主義 | 250 | |
| B0004-1 | 弗洛依德 | 250 | |
| B0006 | 法西斯主義 | 195 | |
| B0007-1 | 後現代主義 | 250 | |
| B0009-1 | 馬克思 | 250 | |
| B0010 | 卡夫卡 | 195 | |
| B0011 | 遺傳學 | 195 | |
| B0013 | 畢卡索 | 195 | |
| B0014 | 黑格爾 | 195 | |

| 序號 | 書名 | 售價 | 訂購 |
|---|---|---|---|
| **啟蒙學叢書** | | | |
| B0015 | 馬基維里 | 195 | |
| B0019 | 喬哀思 | 195 | |
| B0021 | 康德 | 195 | |
| B0023-1 | 文化研究 | 250 | |
| B0024-1 | 後女性主義 | 250 | |
| B0025-1 | 尼采 | 250 | |
| B0026 | 柏拉圖 | 195 | |
| **生活哲思** | | | |
| CA0002 | 孤獨 | 350 | |
| CA0012-1 | 隱士（第二版） | 360 | |
| CA0005-2 | 四種愛：親愛·友愛·情愛·大愛 | 250 | |
| CA0006 | 情緒療癒 | 360 | |
| CA0007-1 | 靈魂筆記 | 400 | |
| CA0008-1 | 孤獨的誘惑 | 280 | |
| CA0023-1 | 克里希那穆提：最初與最後的自由 | 350 | |
| CA0011-1 | 內在英雄 | 350 | |
| CA0015-1 | 長生西藏 | 230 | |
| CA0017 | 運動 | 300 | |
| CC0013-1 | 生活的學問 | 250 | |
| CB0003 | 坎伯生活美學 | 360 | |
| CC0001-1 | 簡樸 | 250 | |
| CC0003-1 | 靜觀潮落 | 450 | |
| CI0001-3 | 美好生活 | 400 | |
| CC0024-1 | 小即是美 | 350 | |
| CC0025-1 | 少即是多 | 390 | |
| CC0039 | 王蒙自述-我的人生哲學 | 280 | |

| 序號 | 書名 | 售價 | 訂購 | 序號 | 書名 | 售價 | 訂購 |
|---|---|---|---|---|---|---|---|
| **心理** | | | | **宗教·神話** | | | |
| CA0001 | 導讀榮格 | 230 | | CD0010 | 心靈的殿堂 | 350 | |
| CG0001-1 | 人及其象徵:榮格思想精華 | 390 | | CD0011 | 法輪常轉 | 360 | |
| CG0002-1 | 榮格心靈地圖 | 320 | | CD0014 | 宗教與神話論集 | 420 | |
| CG0003-1 | 大夢兩千天 | 360 | | CD0017 | 近代日本人的宗教意識 | 250 | |
| CG0004 | 夢的智慧 | 320 | | CD0018-2 | 耶穌行蹤成謎的歲月 | 360 | |
| CG0005-2 | 榮格・占星學 | 380 | | D0011 | 全球倫理與宗教對話 | 250 | |
| CA0013-2 | 自由與命運 | 360 | | E0008 | 天啓與救贖 | 360 | |
| CA0014-1 | 愛與意志 | 420 | | E0011 | 宗教道德與幸福弔詭 | 230 | |
| CA0016-2 | 創造的勇氣 | 230 | | CD0034-1 | 達賴喇嘛說喜樂與開悟 | 300 | |
| CA0019-1 | 哭喊神話 | 380 | | CD0023-2 | 達賴喇嘛說般若智慧之道 | 320 | |
| CA0020-1 | 權利與無知 | 350 | | CD0024-1 | 達賴喇嘛在哈佛：論四聖諦、輪迴和敵人 | 320 | |
| CA0021-1 | 焦慮的意義 | 420 | | CD0025-1 | 達賴喇嘛說幸福之道 | 300 | |
| CA0022 | 邱吉爾的黑狗 | 380 | | CD0026-1 | 一行禪師 馴服內在之虎 | 200 | |
| **宗教·神話** | | | | CD0027-2 | 曼陀羅：時輪金剛沙壇城 | 380 | |
| CB0001-1 | 神話的力量 | 390 | | CD0005-1 | 達賴喇嘛說慈悲帶來轉變 | 280 | |
| CB0002-2 | 神話的智慧 | 390 | | CD0002 | 生命之不可思議 | 230 | |
| CB0004 | 千面英雄 | 420 | | CD0013-1 | 藏傳佛教世界：西藏佛教的哲學與實踐 | 250 | |
| CB0005-2 | 英雄的旅程 | 420 | | CA0018 | 意識的歧路 | 260 | |
| CD0007-2 | 神的歷史 | 460 | | **哲學** | | | |
| CD0016-1 | 人的宗教：人類偉大的智慧傳統 | 450 | | CK0006-1 | 真理的意義 | 290 | |
| CD0019-1 | 宗教經驗之種種 | 499 | | CJ0003 | 科學與現代世界 | 250 | |
| CD0028 | 人的宗教向度 | 480 | | E0002 | 辯證的行旅 | 280 | |
| CD0022-1 | 上帝一直在搬家 | 380 | | E0009 | 空性與現代性 | 320 | |
| CD0001-1 | 跨越希望的門檻(精) | 350 | | E0010 | 科學哲學與創造力 | 260 | |
| CD0008 | 教宗的智慧 | 200 | | CK0001-1 | 我思故我笑(第二版) | 199 | |
| CD0004-1 | 德蕾莎修女：一條簡單的道路 | 280 | | CK0002 | 愛上哲學 | 350 | |
| CD0009-2 | 活的佛陀，活的基督 | 280 | | CK0004 | 在智慧的暗處 | 250 | |

| 序號 | 書名 | 售價 | 訂購 | 序號 | 書名 | 售價 | 訂購 |
|---|---|---|---|---|---|---|---|
| **哲學** | | | | **文學·美學** | | | |
| CK0005-1 | 閒暇:一種靈魂的狀態 | 280 | | CE0002 | 創造的狂狷 | 350 | |
| CC0020-1 | 靈知天使夢境 | 250 | | CE0003 | 苦澀的美感 | 350 | |
| CC0021-1 | 永恆的哲學 | 300 | | CE0004 | 大師的心靈 | 480 | |
| CC0022 | 孤兒.女神.負面書寫 | 400 | | CE0006 | 批判西潮五十年 | 780 | |
| CC0023 | 烏托邦之後 | 350 | | CE0007 | 什麼是幸福 | 650 | |
| CC0026-1 | 愛情的正常性混亂:一場浪漫的社會謀反 | 400 | | CE0008 | 矯情的武陵人 | 760 | |
| CC0041 | 心靈轉向 | 260 | | CE0009 | 珍貴與卑賤 | 550 | |
| CC0030 | 反革命與反叛 | 260 | | E0006 | 戲曲源流新論 | 300 | |
| **文學·美學** | | | | **文化與人類** | | | |
| CC0043 | 影子大地 | 290 | | CC0010-1 | 當代文化大論辯 | 450 | |
| CC0035 | 藍:一段哲學的思緒 | 250 | | CC0040-1 | 近代日本的百年情結:日本人論 | 450 | |
| CA0003-2 | 魯米詩篇:在春天走進果園 | 390 | | CC0016 | 東方主義 | 500 | |
| CC0029-1 | 非理性的人:存在主義研究經典 | 380 | | CC0027 | 鄉關何處 | 420 | |
| CC0015-1 | 深河(第二版) | 320 | | CC0028 | 文化與帝國主義 | 520 | |
| CC0031-1 | 沉默(電影版) | 350 | | CC0044-1 | 文化與抵抗 | 350 | |
| CC0103 | 武士 | 390 | | CC0032-2 | 遮蔽的伊斯蘭 | 380 | |
| CC0002 | 大時代 | 350 | | CC0045-1 | 海盜與皇帝 | 350 | |
| CC0051 | 卡夫卡的沉思 | 250 | | D0023-1 | 一個猶太人的反省 | 360 | |
| CC0050 | 中國文學新境界 | 350 | | CC0036 | 威瑪文化 | 340 | |
| CC0033 | 在文學徬徨的年代 | 230 | | CC0046 | 歷史學家三堂小說課 | 250 | |
| CC0017 | 靠岸航行 | 180 | | D0026 | 荻島靜夫日記 | 320 | |
| CC0018 | 島嶼巡航 | 130 | | CC054-2 | 逃避主義:從恐懼到創造 | 380 | |
| CC0012-2 | 反美學 | 360 | | CD0020-1 | 巫士詩人神話 | 320 | |
| CC0011-2 | 西方正典(全二冊) | 720 | | CC0052 | 印第安人的誦歌 | 320 | |
| CC0053 | 俄羅斯美術隨筆 | 430 | | CH0001 | 田野圖像 | 350 | |
| CC0037-2 | 給未來的藝術家(2017增訂新版) | 380 | | D0009-2 | 在思想經典的國度中旅行 | 299 | |
| CE0001 | 孤獨的滋味 | 320 | | D0012-1 | 速寫西方人文經典 | 299 | |

| 序號 | 書名 | 售價 | 訂購 | 序號 | 書名 | 售價 | 訂購 |
|---|---|---|---|---|---|---|---|
| **文化與人類** | | | | **歷史·傳記** | | | |
| CC0008 | 文化的視野 | 210 | | CF0020 | 林長民、林徽因 | 350 | |
| CC0009-3 | 生命的學問十二講 | 320 | | CF0024 | 百年家族-李鴻章 | 360 | |
| CC0055-2 | 向法西斯靠攏 | 480 | | CF0025 | 李鴻章傳 | 220 | |
| D0025-1 | 綠色經濟：綠色全球宣言 | 380 | | CF0026 | 錢幣大王--馬定祥傳奇 | 390 | |
| D0028-1 | 保守主義經典閱讀 | 400 | | CF0003-1 | 毛澤東的性格與命運 | 300 | |
| CC0096 | 道家思想經典文論 | 380 | | CF0013-1 | 毛澤東與文化大革命 | 350 | |
| E0004 | 文化的生活與生活的文化 | 300 | | CF0005 | 記者：黃肇珩 | 360 | |
| E0005 | 框架內外 | 380 | | CF0008 | 自由主義思想大師：以撒·柏林傳 | 400 | |
| **歷史·傳記** | | | | CF0021 | 弗洛依德(1) | 360 | |
| CC0038 | 天才狂人與死亡之謎 | 390 | | CF0022 | 弗洛依德(2) | 390 | |
| CC0034-2 | 上癮五百年 | 350 | | CF0023 | 弗洛依德(3) | 490 | |
| CC0042 | 史尼茨勒的世紀 | 390 | | **人文行旅** | | | |
| CK0003 | 墮落時代 | 280 | | T0001 | 藏地牛皮書 | 499 | |
| CF0001 | 百年家族-張愛玲 | 350 | | T0002 | 百年遊記（I） | 290 | |
| CF0002 | 百年家族-曾國藩 | 300 | | T0003 | 百年遊記（II） | 290 | |
| CF0004 | 百年家族-胡適傳 | 400 | | T0004 | 上海洋樓滄桑 | 350 | |
| CF0007 | 百年家族-盛宣懷 | 320 | | T0005 | 我的父親母親（父） | 290 | |
| CF0009 | 百年家族-顧維鈞 | 330 | | T0006 | 我的父親母親（母） | 290 | |
| CF0010 | 百年家族-梅蘭芳 | 350 | | T0007 | 新疆盛宴 | 420 | |
| CF0011 | 百年家族-袁世凱 | 350 | | T0008 | 海德堡的歲月 | 300 | |
| CF0012 | 百年家族-張學良 | 350 | | T0009 | 沒有記憶的城市 | 320 | |
| CF0014 | 百年家族-梁啓超 | 320 | | T0010 | 柏林人文漫步 | 300 | |
| CF0015 | 百年家族-李叔同 | 330 | | **經典解讀** | | | |
| CF0016 | 梁啓超和他的兒女們 | 320 | | D0001-1 | 傅佩榮解讀論語 | 420 | |
| CF0017 | 百年家族-徐志摩 | 350 | | D0016-1 | 老子解讀(平) | 300 | |
| CF0018 | 百年家族-康有爲 | 320 | | D0017-1 | 孟子解讀(平) | 380 | |
| CF0019 | 百年家族-錢穆 | 350 | | D0014-1 | 莊子解讀(平) | 499 | |

| 序號 | 書名 | 售價 | 訂購 |
|---|---|---|---|
| D0018-2 | 傅佩榮解讀易經 | 620 | |
| D0057 | 大學・中庸解讀 | 280 | |
| D0096 | 傅佩榮宗教哲學十四講 | 460 | |
| D0097 | 傅佩榮先秦儒家哲學十六講 | 520 | |
| D0101 | 傅佩榮周易哲學十五講 | 580 | |
| D0102 | 傅佩榮論語、孟子、易經二十四講 | 350 | |
| D0104 | 人性向善論發微 | 480 | |
| D0106 | 傅佩榮講道德經 | 620 | |
| D0006 | 莊子(黃明堅解讀) | 390 | |
| **大學堂系列** | | | |
| D0010 | 品格的力量(完整版) | 320 | |
| D0047 | 品格的力量(精華版) | 190 | |
| D0002-1 | 哈佛名師的35堂課 | 380 | |
| F0001 | 大學精神 | 280 | |
| F0002 | 老北大的故事 | 295 | |
| F0003 | 紫色清華 | 295 | |
| F0004-1 | 哈佛名師教你如何讀大學 | 300 | |
| F0005 | 哥大與現代中國 | 320 | |
| F0006-2 | 百年大學演講精華 | 380 | |
| F0007-1 | 大師與門徒：哈佛諾頓講座 | 250 | |
| **分享系列** | | | |
| S0001-2 | 115歲，有愛不老 | 280 | |
| S0002 | 18歲，無解 | 150 | |
| S0003 | 小飯桶與小飯囚 | 250 | |
| S0004 | 藍約翰 | 250 | |
| S0005 | 和平:諾貝爾和平獎得主的故事 | 260 | |
| S0006 | 一扇門打開的聲音—我爲什麼當老師 | 300 | |

**訂購人：**________________

**寄送地址：**

□□□

**聯絡電話:**（請詳填可聯繫方式）

(O) ________________

(H) ________________

手機 ________________

**發票方式：**

□ 抬頭：________________

□（二聯） □（三聯） ________________

統 一 編 號

**訂購金額：**________________元

郵資費：

□免 / □ 元（未滿1500元者另加）

**應付總金額：**________________元

**訂購備註：**

（訂購單請連同劃撥收據一起傳真）

**訂購請洽：立緒文化事業有限公司**

**電話：02-22192173 傳真：02-22194998**

**地址：231新北市新店區中央新村六街62號**

## 年度好書在立緒

### 文化與抵抗
- 2004年聯合報讀書人最佳書獎

### 威瑪文化
- 2003年聯合報讀書人最佳書獎

### 在文學徬徨的年代
- 2002年中央日報十大好書獎

### 上癮五百年
- 2002年中央日報十大好書獎

### 遮蔽的伊斯蘭
- 2002年聯合報讀書人最佳書獎
- News98張大春泡新聞2002年好書推薦

### 弗洛依德傳
（弗洛依德傳共三冊）
- 2002年聯合報讀書人最佳書獎

### 以撒・柏林傳
- 2001年中央日報十大好書獎

### 宗教經驗之種種
- 2001年博客來網路書店年度十大選書

### 文化與帝國主義
- 2001年聯合報讀書人最佳書獎

### 鄉關何處
- 2000年聯合報讀書人最佳書獎
- 2000年中央日報十大好書獎

### 東方主義
- 1999年聯合報讀書人最佳書獎

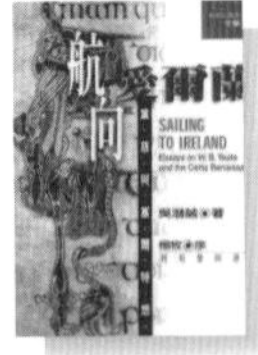


### 航向愛爾蘭
- 1999年聯合報讀書人最佳書獎
- 1999年中央日報十大好書獎

### 深河(第二版)
- 1999年中國時報開卷十大好書獎

### 田野圖像
- 1999年聯合報讀書人最佳書獎
- 1999年中央日報十大好書獎

### 西方正典(全二冊)
- 1998年聯合報讀書人最佳書獎

### 神話的力量
- 1995年聯合報讀書人最佳書獎

國家圖書館出版品預行編目(CIP) 資料

知識分子與社會：抗爭、對話到願景/陳映真、蔣勳、余英時、傅佩榮、李亦園、沈君山、何懷碩、楊國樞、釋聖嚴、南方朔、高希均、蕭新煌作-- 三版 -- 新北市：立緒文化事業有限公司, 民113.07
208 面 ; 14.8×21 公分. --（世界公民叢書）

ISBN 978-986-360-228-6（平裝）

1.知識分子　2.文集

546.113507　113009720

# 知識分子與社會：抗爭、對話到願景（原書名：知識份子 12 講）

出版 — 立緒文化事業有限公司（於中華民國 84 年元月由郝碧蓮、鍾惠民創辦）
作者 — 陳映真、蔣勳、余英時、傅佩榮、李亦園、沈君山、何懷碩、楊國樞、釋聖嚴、南方朔、高希均、蕭新煌
編者 — 立緒文化編輯部

發行人 — 郝碧蓮
顧問 — 鍾惠民

地址 — 新北市新店區中央六街 62 號 1 樓
電話 — (02) 2219-2173
傳真 — (02) 2219-4998
E-mail Address — service@ncp.com.tw
劃撥帳號 — 1839142-0 號 立緒文化事業有限公司帳戶
行政院新聞局局版臺業字第 6426 號

總經銷 — 大和書報圖書股份有限公司
電話 — (02) 8990-2588
傳真 — (02) 2290-1658
地址 — 新北市新莊區五工五路 2 號
排版 — 伊甸社會福利基金會附設電腦排版
印刷 — 尖端數位印刷股份有限公司

法律顧問 — 敦旭法律事務所吳展旭律師

分類號碼 —546.113507
ISBN— 978-986-360-228-6
出版日期 — 中華民國 88 年 12 月初版 一刷（1 ～ 4,000）
中華民國 95 年 3 月～ 97 年 2 月二版 一～二刷（1 ～ 2,400）
中華民國 113 年 7 月三版（舊版更換封面）

定價◎ 280 元（平裝）

# 大旗文化 閱讀卡

姓　名：

地　址：□□□

電　話：(　　)　　傳 眞：(　　)

E-mail：

您購買的書名：______________

購書書店：________市（縣）________書店

■您習慣以何種方式購書？

□逛書店 □劃撥郵購 □電話訂購 □傳真訂購 □銷售人員推薦
□團體訂購 □網路訂購 □讀書會 □演講活動 □其他________

■您從何處得知本書消息？

□書店 □報章雜誌 □廣播節目 □電視節目 □銷售人員推薦
□師友介紹 □廣告信函 □書訊 □網路 □其他________

■您的基本資料：

性別：□男 □女　婚姻：□已婚 □未婚　年齡：民國______年次

職業：□製造業 □銷售業 □金融業 □資訊業 □學生
□大眾傳播 □自由業 □服務業 □軍警 □公 □教 □家管
□其他 ______________

教育程度：□高中以下 □專科 □大學 □研究所及以上

建議事項：

愛戀智慧 閱讀大師

立緒文化事業有限公司　收

新北市 2 3 1

新店區中央六街62號一樓

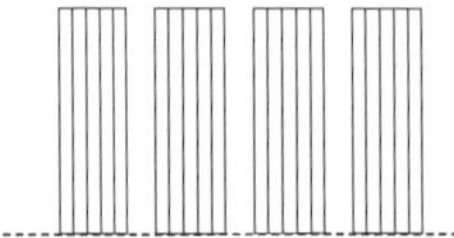

請沿虛線摺下裝訂，謝謝！

**感謝您購買立緒文化的書籍**

為提供讀者更好的服務，現在填妥各項資訊，寄回閱讀卡（免貼郵票），或者歡迎上網http://www.facebook.com/ncp231即可收到最新書訊及不定期優惠訊息。